Birgit Vanderbeke
Gebrauchsanweisung für Südfrankreich

Birgit Vanderbeke

GEBRAUCHS ANWEISUNG für

Südfrankreich

Piper München Zürich

ISBN 3-492-27515-x
2. Auflage 2003
© Piper Verlag GmbH, München 2002
Gesetzt aus der Bembo-Antiqua
Gesamtherstellung: Clausen & Bosse, Leck
Printed in Germany

www.piper.de

Inhalt

Mein Süden

Der französische Süden boomt. Jahr für Jahr kommen immer mehr Menschen, um im Midi ihre Ferien zu verbringen, am liebsten noch mehr als nur die Ferien. Sie haben Träume im Kopf, sie haben Filme gesehen, Bücher gelesen, die Literatur, die gesamte Kunst ist voll davon, sie haben eine Vorstellung von mediterraner Heiterkeit, es gibt bestimmte fixe Requisiten in dieser Vorstellung, die Bilder sind alle da, von den Sonnenblumen über Lavendelfelder, und es sind wunderbare Bilder, jeder Reiseführer evoziert sie: das Licht, den Duft, das entspannte »Laisser-vivre« in den kleinen Dörfern inmitten von Olivenhainen, Weinfeldern, die sommerliche Hitze, bei der es mittags ganz still wird, selbst manchmal die Zikaden...

Sie kennen diese Bilder. Jeder kennt sie. Südfrankreich ist bezaubernd.

Man kann diesen Zauber konsumieren. Von Ostern bis September ziehen ganze Prozessionen von Südsehnsüchtigen durchs Land und bevölkern, als Touristen verkleidet, die Cafés, Bars, Bistros am Straßenrand, fotografieren die Sonnenblumen von den Feldern weg, schwärmen busreisend von Sehenswürdigkeit zu Sehenswürdigkeit, zeigen sich gegenseitig andächtig das Meer oder holen sich dort einen Sonnenbrand und sind eine sonderbare Spezies, die in Wirklichkeit keine Wirklichkeit wünscht, sondern die Bilder erleben möchte, die sie mitgebracht hat.

Dieser Zustand heißt weltweit Urlaub-Machen und erfordert keine Gebrauchsanweisung, weil jeder weiß, wie das geht.

Interessant wird der Süden, sobald man wahrnimmt, daß dort Menschen leben und wie sie das tun.

Dann gibt es zwei Möglichkeiten: entweder man verfällt ihm vollkommen, oder es gibt Enttäuschungen.

Ich kann mich an mehrere Erlebnisse erinnern, die mich ihm haben verfallen lassen, und es waren Erlebnisse, die nicht als Postkarte, sogar in Büchern nicht zu haben sind, deshalb erzähle ich mal zwei Beispiele:

Mein Sohn war acht Jahre alt und sprach kein Wort französisch, als er von seinen brutalen Eltern zum Besuch einer französischen Schule und zum Erlernen der landesüblichen Sprache und Schrift gezwungen wurde. Wegen der Schrift brauchte er einen neuen Füllfederhalter. Um die Grausamkeit etwas zu lindern, kauften die Eltern einen guten Füllfederhalter mit einer sehr teuren Feder. Beim Einpacken sagte die Verkäuferin in der Papeterie: »Da mußt du aber ganz schön aufpassen, nicht daß dir das Ding auf die Spitze fällt.«

Genau dies geschah bereits kaum eine Woche später.

Mutter und Sohn gestanden in der Papeterie den Hausaufgabenunfall, zeigten die platte Feder und hörten verblüfft den Satz, das sei ja ganz unglaublich, das dürfe aber nicht passieren, das sei ein Materialfehler, den man nicht hinnehmen würde, und das müsse man unbedingt reklamieren und einschicken, da würde man sich drum kümmern. Das Ding wurde konfisziert, dem Kind ein neuer Füller in die Hand gedrückt, und wir mochten das nicht glauben.

Eine ganze Weile dachte ich, den ersten Besuch eines Arztes nur geträumt zu haben, den ich rief, um einem keinesfalls kranken, sondern bloß schulunwilligen Kind klarzumachen, daß Schule nur im Krankheitsfall versäumt werden darf (eine Anfängerhaltung, die sich mit den Jahren gegeben hat). Der Arzt sah sich den Jungen an, kam aus dem Kinderzimmer und sagte sodann mit ernster Miene: »Tja, eine eindeutige Simulitis, und wenn das Fieber nicht weiter steigt, könnte er im Grunde morgen wieder zur Schule.« Wir tranken einen Kaffee, und plötzlich sagte er besorgt: »Aber wenn er nun Fieber bekommt? Hätten Sie dann wohl Paracetamol?« Ich hatte nicht. Der Rezeptblock wurde gezückt. Bei der Gelegenheit fiel dem Arzt ein, daß ja auch Kopf-, Bauch-, Hals-

— 9 —

schmerzen oder Husten eintreten könnten, und da ich dagegen auch keine Medikamente hatte, schrieb er die also auch noch auf, und es endete so, daß ich am Schluß – weil Kinder sich leicht beim Spielen mal etwas verrenken oder zerren – noch eine Tube Sportsalbe auf dem Rezept und eine komplette vernünftige Hausapotheke verordnet bekommen hatte und ein kleiner Junge, der das Fremdwort für seine Krankheit natürlich nicht kannte, das Gesicht hatte behalten dürfen.

Solche Erlebnisse steigern den Zauber der Region ungemein, und sie waren von Anfang an häufig und kommen eigentlich täglich vor, aber viele sind unscheinbar und schwer zu entziffern von Gegenden aus, in denen die Ellenbogenkultur so altmodische Tugenden wie Höflichkeit, Wärme und Charme ziemlich rabiat verdrängt hat.

Ich habe in den letzten zehn Jahren gewissermaßen im deutsch-französischen Spagat gelebt, bin in dieser Zeit etlichen typischen Fragen zum Leben in Südfrankreich begegnet, habe währenddessen auch gelegentlich erlebt, wie Leute dem Süden enttäuscht den Rücken gekehrt haben, und darüber nachgedacht, was zwischen der deutschen und der südfranzösischen Lebensweise womöglich zu Schwierigkeiten führen könnte. In dieser Gebrauchsanweisung nenne ich ein paar Dinge, die man wissen sollte, und ein paar klassische Mißverständnisse, die man leicht vermeiden kann, wenn man die Freude voll genießen möchte, in Südfrankreich, und sei es für kurze Zeit, »chaleureusement« aufgenommen zu werden.

Dabei habe ich den Rhythmus der Großstädte vernachlässigt, das rasante arabisch getönte Leben in Marseille, die Hafenstimmung, wenn dort gestreikt wird, die politischen Machenschaften; auch Toulouse, auch Nizza oder Toulon, einfach weil es Großstädte sind und Großstädte in den Träumen vom Süden eher selten vorkommen oder nur gestreift werden. Die Zauberwörter heißen eher Arles, Aix-en-Provence, Avignon, und die Träume enthalten vor allem auch die Umgebungen solcher mittelgroßen Städte, die Schluchten, die Grotten, die Flüsse, die kleinen pittoresken Orte, in denen die Zeit anders verläuft, gemächlicher, also das Land.

Damit allerdings meine Gebrauchsanweisung nicht selbst allzu pittoresk würde, wie das vielleicht hätte geschehen können – Liebe macht auch dem Land gegenüber blind – habe ich meinen Sohn gebeten, jeden Abend Seite für Seite durchzulesen, was ich Tag für Tag geschrieben hatte, und der hat sich als äußerst skeptischer, kritischer und sozial kompetenter Leser erwiesen und sei dafür herzlich bedankt; er hat inzwischen mehr als die Hälfte seines siebzehnjährigen Lebens in Südfrankreich verbracht, empfindet daher nicht wie seine Mutter die Skrupel des Gastes gegenüber dem Gastgeberland und neigt mit der Nüchternheit dieser siebzehn Jahre vor allem nicht zur Idealisierung der Verhältnisse.

Einig sind wir uns aber im Grundsätzlichen: der Midi ist für Glück geradezu wie gemacht.

Wenn man ein paar Dinge beachtet.

Was Sie wissen sollten, bevor Sie losfahren

Es duftet. Die Luft ist voller Pinien, Lavendel, Rosmarin undsoweiter. Und es leuchtet. Die Farben sind einfach stärker. Und dann die Sonne. Mediterran, das Ganze. In Lyon hat das angefangen, als Sie durch den Tunnel gefahren sind, der den Süden vom Norden trennt, aber wahrscheinlich sind Sie gar nicht durch den Tunnel gefahren, sondern haben die Umgehungsautobahn genommen, um nicht im Tunnel in einen Stau zu geraten. Jedenfalls irgendwo da in der Gegend fing das an zu duften und zu leuchten, der Regen hatte aufgehört, rechts noch ein bißchen Massif Central, und da etwa haben Sie Ihrer Mitfahrerin die Hand aufs Bein gelegt und was von diesem Rotwein gesagt, den Sie heute abend trinken, diesem kleinen Ballon du Rouge, in diesem sandfarbenen Natursteinhaus, das Sie schon vom letzten Jahr her kennen oder das Sie, wenn Sie im letzten Jahr woanders waren, heute abend ganz sicher entdecken werden in einem dieser kleinen Dörfer, in denen abends das Klacken der Boule-Kugeln sanft durch die Straßen klingt, und manchmal hört man Musetten. Nicht direkt an der Côte vielleicht sollte das sein, die ist ja schlechterdings unbezahlbar, und dann die dauernden Staus, wegen denen der Tunnel in Lyon ja so tückisch wurde, daß sie die Umgehungsautobahn gebaut haben, sondern etwas im Hinterland, wo es noch unverfälscht zugeht und die alten Männer in der Bar am Dorfplatz oder im Café de la France ihren Pernod trinken, wenn sie mit ihren klapprigen alten Renaults von den Weinfeldern heimkommen oder von der Melonenernte oder von den Sonnenblumen, die ab Valence so besonders leuchten wegen der Farben undsoweiter.

Ihre Mitfahrerin hat den Reiseführer gelesen und Patrick Süskinds »Parfum« und war damals in Lübeck in der Ausstellung über Sanary sur Mer oder in der Hamburger Kunsthalle, wo die Selbstporträts von van Gogh auch schon so geleuchtet haben, und sie hat nichts gegen Gott in diesem Lande, aber nur so herumsitzen und diese Ballons trinken, das wäre doch nichts für sie, und in Avignon ist das Theaterfestival; überhaupt ist sie mal ins Internet gegangen und hat nachgeschaut, was es alles so gibt da unten, und es ist tatsächlich einiges los und zu sehen in Südfrankreich im Sommer. Sie hat ihren Strohhut rausgeholt, den sie letztes Jahr in Isle-sur-la-Sorgue gekauft hat, auf diesem traumhaften Wochenmarkt, wo sie auch Antiquitäten verkaufen, am Samstag vormittag, oder war das am Sonntag. Sie hat die Handtasche, die sie immer ins Büro mitnimmt, gegen den Ibizakorb vertauscht, seit

— 14 —

Lyon hat sie die Sonnenbrille auf und sich in Montélimar Sud sicherheitshalber mit Sonnenschutz 25 eingecremt, weil sie gelesen hat, daß die Sonne im Süden auch durch die Autofenster gefährlich sein kann.

Und jetzt geht das los.

Und da könnten Sie sich allerdings mächtig wundern.

Wenn Sie nämlich den ersten und womöglich lebenswichtigen Rat dieses Buches nicht befolgen:

Wer mit dem Auto nach Südfrankreich fährt, sollte sich unbedingt vorher einen Film besorgen und sorgfältig mehrmals ansehen.

Dieser Film ist in gewisser Weise ernüchternd, weil dort nicht Boule gespielt wird, keine Ballons getrunken werden und nicht in Natursteinhäusern mit Blick aufs Mittelmeer oder auf sonst einen Horizont gewohnt wird. Gespielt wird dort allerdings auch, ich komme noch darauf zu sprechen; ansonsten aber: Dosenbier und Garage; okay, mitten in Marseille, aber nicht in den pittoresken Teilen, obwohl der alte Hafen kurz mal im Blick ist, sondern irgendwo, worüber der Reiseführer Ihrer Begleiterin vornehm schweigt, was ja auch seine Aufgabe ist. Denken Sie nun nicht, ich wollte Ihnen den Aufenthalt an einer der schönen hiesigen Stellen vermiesen mit dem Hinweis auf die tristen Realitäten, die wir schließlich alle kennen, weshalb wir ja von Natursteinhäusern träumen undsoweiter, und wenigstens im Urlaub möch-

— 15 —

ten wir von den bedauerlichen Zuständen der Welt verschont sein und dem Traum etwas näher. Nein nein, ganz und gar nicht.

Es ist nur so, daß dieser Film hier vor ein paar Jahren das gewesen ist, was man einen »Kultfilm« nennt. Alle haben ihn gesehen. Samy Naceri, ein Schauspieler, den Sie vermutlich nicht kennen werden, spielt darin Daniel. Und diesen Daniel sollten Sie kennen, sonst werden Sie kaum fassen können, was Ihnen in den nächsten Wochen häufig bis regelmäßig passiert. Denn infolge dieses Kultfilms ist Daniel nicht nur ein einzelner, witziger, lockerer, cooler und sehr liebenswerter Typ, der einen Rennfahrertick hat und manchmal, besonders beim Autofahren, ziemlich spinnt, sondern es gibt ihn massenhaft. Ungefähr jeder, dessen Nummernschild mit 13 (Bouches du Rhône, Marseille), 84 (Vaucluse, Avignon), 83 (Var), 06 (Côte d'Azur), 30 (Gard, Nîmes) oder 34 (Herault, Montpellier) endet, ist Daniel, weshalb Sie sich diese Endnummern unbedingt einprägen und ihnen gegenüber mit äußerster Konzentration defensiv verhalten sollten.

Der Film heißt »Taxi« und ist vermutlich der Grund dafür, daß Frankreich in der grauenvollen Statistik europäischer Verkehrsunfälle an erster Stelle steht, wobei ich nach jahrelanger französischer Fahrpraxis aus Erfahrung behaupte: es liegt am Süden. Daniel nämlich pfeift auf die Straßenverkehrsordnung. Er pfeift im übrigen sowieso auf jegliche Staatsgewalt, aber das wird ein anderes Kapitel werden, weil Sie ja jetzt erst kurz hinter Montélimar sind, wo es zugegebenermaßen weder von Staatsgewalt noch von irren Autofahrern besonders wimmelt, sondern nur von Lkws. Ernst wird es erst, sobald Sie auf so eine Route Nationale fahren. Zunächst stellen Sie fest, daß das runde Schild mit der Tempoangabe 90 reine Makulatur ist und keiner unter 100 fährt, die meisten bedeutend schneller. Das wäre nicht weiter schlimm, wenn Sie die autobahnähnliche Nationalstraße nicht irgendwann verlassen und auf eine der zweispurigen D-Irgendwas abbiegen müßten, weil an Nationalstraßen bekanntlich diese Natursteinhäuser nicht stehen, auf die Sie sich seit Köln-Kalk gefreut haben. Die stehen da, wo die Straßen zweispurig sind, etwas schmaler, als Ihr Citroën Xantia sie gewohnt ist; und dann fangen die Kurven an, die Steigungen mit Kurven, und jetzt sollten Sie die Sache nicht mehr leichtnehmen: es kann nicht mehr lange dauern, da kommt Ihnen einer mit locker 110 in einer Kurve entgegen, von der Sie kaum glauben, daß man sie mit 70 nehmen kann, und zwar kommt der mit den 110 Ihnen nicht auf seiner Seite, sondern mindestens zur Hälfte auf Ihrer entgegen, ganz egal, ob die Fahrbahnmitte noch markiert ist oder – wahrscheinlicher – nicht. Wenn Sie jetzt Glück haben, werden Sie in dem Moment nicht gerade von dem halbstarken Peugeot 206 hinter Ihnen überholt, der Ihnen schon eine Weile lang an der Stoßstange hängt, und können ge-

— 17 —

rade noch rechts ausweichen, wobei Ihr Citroën sich sehr wundert, wie nah der Graben an seinen rechten Rädern vorbeirutscht. Nach meiner Erfahrung allerdings haben fast alle halbstarken Peugeot 206 den unwiderstehlichen Drang, alles, was nicht 110 fährt, ausgerechnet in Kurven überholen zu müssen, weil sie alle Daniel sind und von der Straßenverkehrsordnung sowie ganz allgemein der Staatsgewalt (ich komme darauf zurück) nichts halten, und dann brauchen Sie gute Nerven und am besten noch bessere Bremsen.

Daniel übrigens fährt einen aufgemöbelten Peugeot 406, ein Auto, bei dem Sie in Südfrankreich überhaupt nicht damit rechnen, daß es das dort gibt, weil nach Ihrer Erinnerung nur diese liebenswerten Rostlauben von Kastenrenault mit den braungebrannten alten Männern in Unterhemd drin herumgondeln. Aber wenn Sie jetzt mal etwas genauer darauf achten, fällt Ihnen die Abwesenheit dieser und überhaupt jeglicher Rostlauben im Straßenverkehr auf, statt dessen: Vom Opel Corsa aufwärts bewegen Sie sich automäßig mindestens in der Mittelklasse. Eher obere Mittelklasse. Und das kam mit Europa so: Eines Tages beschloß die französische Regierung irgendwo in Paris, also sehr sehr weit weg von hier, daß etwas gegen die Umweltschweinerei getan werden müsse, die von den stinkenden Rostlauben im ganzen Land ausging und sich mit der Zeit international ziemlich herumgesprochen hatte, und fortan wurden diese Rostlauben vom französischen TÜV nicht mehr durchgelassen, sondern auf eine Art konfisziert, die in gewisser Weise an Bestechung erinnert. Noch heute gibt es die erstaunlichsten Autofriedhöfe hier. Die Besitzer wurden recht anständig entschädigt, Daniel wurde geboren, die Autos wurden breiter und schneller, manch altes Bauernherz klopfte bei der Anschaffung einer dreistelligen PS-Menge noch einmal jugendlich schneller, während die Straßen mehr oder weniger die blieben, die sie vorher waren und die Sie spätestens seit »Über den Dächern von Nizza« geliebt haben: schmal, gewunden, sehr häufig ohne Mittelstreifen.

Auf den Mittelstreifen weise ich Sie aus noch einem Grund hin, den Sie kennen sollten, bevor Sie von der Autobahn runterfahren. Die Lebensgewohnheiten der Leute ändern sich überall, auch hier. Nicht aber die eiserne Sitte, um Punkt zwölf Uhr Mittag zu essen, davor einen Apéritif zu trinken und zum Essen mindestens ein Glas Wein. Und gegen zwei dann ins Auto zu steigen und zur Arbeit oder aufs Feld zu fahren. Und da wäre dann ein Mittelstreifen als Orientierungshilfe nicht schlecht, besonders wenn man von dem 90-km / h-Vorschlag nichts hält.

Wenn Sie also die Möglichkeit haben, gegen zwei Uhr mal kurz aus dem Auto zu steigen und sich vielleicht etwas in der pinienduftenden Gegend die Beine zu vertreten, sollten Sie das tun.

Bei der Gelegenheit schlage ich vor, Sie achten einmal auf ein silbriges, im Sommer oft nur staubig-

— 19 —

graues Kraut, das in kleineren struppigen Teppich-
flecken praktisch überall um Sie herum vor sich hin
wächst und überhaupt nicht so aussieht, wie Sie sich
erinnern, daß Thymian aussieht, weil Sie Thymian
entweder gerebelt kennen oder als dünne grüne
Zweiglein mit winzigen dunklen Blättchen daran.
Wenn Sie aber dieses struppige graue Zeug zwischen
den Fingern zerreiben und daran riechen, merken
Sie: es ist Thymian. Gewissermaßen Thymian hoch
drei. Daneben wachsen noch andere Kräuter, aber um
die brauchen Sie sich im Augenblick nicht zu kümmern, weil es zunächst um den Thymian geht. Den
würde ich jetzt mal pflücken. Reichlich. Den können
Sie nämlich fortan ziemlich gut gebrauchen. Wenn
Sie die Augen aufhalten, begegnet Ihnen bei Ihrem
Mittagsspaziergang auch irgendwo noch ein Lorbeer-
baum und nimmt es Ihnen nicht übel, wenn Sie ihm
ein paar Blätter rauben. Vielleicht nicht gleich einen
ganzen Ast. Und dann hätten Sie fast schon alles zusammen für ein erstes südliches Essen heute abend,
den Rest können Sie unterwegs noch in jedem beliebigen Ort besorgen, und zwar bis abends um sieben.
In Supermärkten bis halb neun. Im Sommer bis neun.
An Sonntagen nur bis mittag.

Gekochtes Wasser

Der ganze Süden von Frankreich liegt für mich in diesem geheimnisvollen okzitanischen Wort: »aigo bouido«, provençalisch heißt es: »aigo bulhido«. »Eau bouillie« wäre die französische Bezeichnung, also »gekochtes Wasser«.

In einer Gebrauchsanweisung darf es nicht fehlen.

Sie werden es auf keiner Speisekarte finden, nicht auf den rustikalen, nicht auf den edleren, und dennoch gibt es das – mehr oder weniger verborgen – überall.

Ich habe es zuerst in Kochbüchern entdeckt, im 1910 erstmals erschienenen »Reboul« zum Beispiel*, danach im »Kompletten Handbuch der provençalischen Küche« von Marius Morard aus dem Jahr 1886, und da hat es mich stutzig gemacht.

Morard setzt das gekochte Wasser an den Anfang seines Suppenkapitels, und zwar mit dem beeindruckenden Motto:

---

* »La Cuisinière Provençale«, ein Kochbuch, das jedem zu empfehlen ist, der sich für Südfrankreich interessiert.

L'aigo bouido, saouvo la vido.

L'eau bouillie, sauve la vie.

Gekochtes Wasser rettet das Leben – Morard erzählt sodann, daß ein ihm bekannter Arzt in jedem Hotel, in dem er auf seinen Reisen abstieg, sofort verlangte, daß ihm täglich ein solches Wasser zubereitet würde; er wollte seiner Gesundheit zuliebe nicht einen einzigen Tag darauf verzichten. Dieser Arzt appellierte auch eindringlich an junge Mütter, ihre Kleinkinder damit zu ernähren.

Schließlich tauchte dieses gekochte Wasser in einem neueren Kochbuch gleich mehrmals auf: in »La cuisine secrète du Languedoc-Roussillon« von André Soulier, wieder am Beginn des Suppenkapitels, und es klang wieder so, daß ich nicht glauben mochte, es würde eine Suppe daraus, wenn man das Rezept befolgen würde, sondern eben bloß ein »gekochtes Wasser«. Denn nichts anderes ist es. Und jetzt kommt der Zauber: Dieses gekochte Wasser schmeckt so, daß man es tatsächlich jeden Tag essen möchte. Ich kam zufällig dahinter, als unser Sohn Sportfest hatte. Zum Sportfest geht jeder. Ob es nach einem Rugbyspiel ist, ob es Siegesfeiern sind oder das sommerliche Johannisfeuer oder das Herbstfest: Die Leute gehen hin, sind randvoll mit Regionalstolz, und der Bürgermeister drückt Hände.

Es war im Herbst. An einer Ecke war das Buffet aufgebaut. Getränke und ein riesiger Kessel über mehreren Gasflammen. Wirklich riesig. Mehrere

Frauen bedienten ihn, andere bestrichen geröstete Baguette-Scheiben mit Knoblauch, und eine lange Schlange stand davor und wartete darauf, in einem Plastikbecher eine Kelle aus dem Kessel, bestreut mit etwas Reibekäse, zu bekommen, einen Plastiklöffel dazu, in die andere Hand eine Scheibe Röstbrot, und das kostete ungefähr 3 Francs. Eine Mark oder einen halben Euro.

Das also war das gekochte Wasser, und seither koche ich es alle paar Tage und könnte schwören, daß es so eine Art Jungbrunnen ist, es hilft gegen Erkältung, allgemeine Schlappheit und Müdigkeit, Appetitlosigkeit, gegen den Schreck über die Begegnung mit Daniel und überhaupt für und gegen alles, es macht einen munter und tatendurstig; und das alles würde mich nicht sehr beeindrucken, wenn es nicht eine der ungewöhnlichsten Delikatessen wäre, die ich kenne. Und wie das meiste der hiesigen Tradition: kostet es sehr wenig, nämlich bloß

1,5 Liter Wasser
9 Knoblauchzehen, davon lasse ich vier oder fünf ganz, die anderen zerquetsche ich, aber das ist meine persönliche Art, sie ist nirgends vorgeschrieben, ich habe sie mir so ausgedacht
ein paar Zweige Thymian
ein paar Blätter Salbei, aber nicht mehr als fünf oder sechs
zwei oder drei Lorbeerblätter

ein paar Tropfen Olivenöl sowie
ordentlich Salz und noch ordentlicher Pfeffer.

Das kochen Sie auf und dann eine halbe Stunde oder
etwas länger auf kleinster Flamme. Während der Zeit
fängt es in Ihrer Wohnung oder Ihrem Natursteinhaus
wunderbar an zu duften.

Dann schütten Sie das Ganze durch ein Sieb, und
jetzt gibt es zwei Möglichkeiten: entweder Sie trinken es, oder Sie essen es. Wollen Sie es essen, können
Sie beispielsweise ein Eigelb hineingeben, es mit Käse
bestreuen und die besagte Brotscheibe dazu nehmen,
dann ist es ein Abendessen oder eine Vorspeise.

Es sagt alles über den Süden aus: Hier lebten arme
Leute, die gern gut essen und es sich überhaupt gern
gutgehen lassen. Sacha Guitry hat das auf den Punkt
gebracht mit der Formulierung: »C'est bien assez
ennuyeux d'être pauvre, si encore il fallait se priver de
plaisir.« Sinngemäß heißt das: Lästig genug, arm zu
sein; da braucht man sich nicht auch noch ums Vergnügen zu bringen.

Sie sollten das »aigo bouido« probieren.

Das Natursteinhaus

Zu den verständlichen Sehnsüchten aller Menschen, die ihr tägliches Leben in der Umgebung deutscher Architektursünden der Nachkriegszeit verbringen, gehört die Sehnsucht nach Natur. Nach einem Leben in und mit der Natur. Nach einem Leben in und mit natürlichen Baustoffen statt Beton, Asbest undsoweiter. Nach einem Leben in einem Natursteinhaus. Mindestens in den Ferien. Am liebsten allerdings überhaupt und für immer. Nun fügt es sich für Naturwillige, daß – sowohl für die Ferien als auch für immer – solche Häuser massenhaft dort herumstehen, wo es jeden hinzieht, der sein tägliches Leben nicht nur in der Umgebung deutscher Architektursünden der Nachkriegszeit, sondern überwiegend auch noch bei trübem bis schlechtem und sehr häufig regnerischem Wetter zubringen muß, so daß sich geradezu zwanghaft bei vielen Menschen der Traum einstellt, daß die Kombination aus Licht, Sonne und Natursteinhaus recht eigentlich paradiesisch und mindestens urlaubsweise unbedingt zu erstreben sei. Und die spanischen Häuser sind nicht so sehr Natur, die italie-

nischen auch nur bedingt und durch häufige Fehlre-
staurierungen durch wohlmeinende deutsche Naturfreunde während der achtziger Jahre häufig nicht ganz
sachgemäß instand gesetzt und durch die ebenfalls na-
turwilligen und leider notorisch mittellosen Freunde
der Besitzer in der Regel ziemlich zuschanden gewohnt. Blieben die bekannten pittoresken Immobilien im französischen Süden. Da ist was dran, denn:
Diese Immobilien gibt es wirklich.

Vor allem urlaubsweise ist da was dran.

Ihre Begleiterin, die sich über das Internet schon
einmal das Angebot angeschaut hat, war zwar einiger-
maßen entsetzt über die Preise, die man zahlen muß,
um in den Ferien so ein Ding zu mieten, sie erinnert
sich, daß man für solche Preise vor kaum zehn Jahren
das ganze Anwesen hätte kaufen können, aber da können Sie locker abwinken und aus dem Mundwinkel
sagen: Europa. Beiläufig fällt Ihnen auf, daß es außer
Daniel auf der kleinen Straße noch ein Massenvor-
kommnis gibt, das Sie auf der Autobahn noch nicht
weiter beunruhigt hat, weil diese Autobahn schließlich nach Spanien führt, aber nun, hier im idyllischen
Süden Frankreichs – auf dem Rücksitz die wesentlichen Ingredienzien der südfranzösischen Küche,
Thymian, Salbei, Knoblauch, Lorbeer usw. – bemer-
ken Sie, daß es überall um Sie herum von fahrbaren
Häusern auf jeder Landstraße nur so wimmelt, und
Sie erinnern sich, daß Ihre Begleiterin angesichts der
Naturhaus-Preise im Internet die praktische Wohn-

mobilität solcher fahrbaren Häuser erwähnt hat, bis Sie etwas von den besagten Ballons mit Rotwein gesagt haben, die einen gewissen Stil erfordern, vor allem aber einen Balkon oder eine Terrasse. Das Thema hat sich dann bald erledigt, als Sie die südlichen Sonnenuntergänge und Sternschnuppen mit dem Ärgernis eines chemischen Klos konfrontierten, das nun einmal unvermeidlicher Bestandteil fahrbarer Häuser ist, und damit war die Anschaffung rasch vom Tisch. Nun ist sie wieder da. Campingplätze sind auch da, aber das ist ein Thema, das europa-, wenn nicht weltweit eine eigene Gebrauchsanweisung verlangen würde, und so kann ich Ihnen nur sagen: Die südfranzösischen Campingplätze sind tadellos, fest in holländisch-deutschen Händen und inzwischen fast so teuer wie das Natursteinhaus, das Sie nach einigen Verhandlungen mit Ihrer Begleiterin mit Hilfe eines Touristenbüros, einer lokalen Kleinstadtzeitung, einer Nachfrage in einem Café oder bei einer Tankstelle oder per Glück schließlich sogar im Sommer leicht finden können und das auf diesem Weg plötzlich nur halb so teuer wie im Internet ist, sofern Sie sich entschließen können, ein paar Kilometer Distanz zwischen dem Natursteinhaus und der Côte d'Azur zu lassen.

Was Sie jetzt erleben, hängt etwas von der Jahreszeit ab.

Der erste Fall: Das Haus im Sommer

Angenommen, Sie fahren im Juni oder im September nach Südfrankreich, was ich Ihnen empfehle (wenn Sie nicht durch Minderjährige auf dem Rücksitz Ihres Citroën an die üblichen Ferienzeiten gebunden sind), wird Sie überraschen, wie ein so wunderschönes Haus, das auf entzückende Weise an den Südhang von Pouzilhac oder an den Hafen von Mèze oder den Ortsausgang von Codogan geklebt ist und das Ihrer Begleiterin die anerkennende Bemerkung entlockt, nun verstehe sie, warum nach Form und Farbe der Kubismus hier und nicht anderswo erfunden worden sei, wie also ein solches zauberhaftes und gänzlich naturgemäßes Wohnkunstwerk innen aussehen kann, wenn das Mobiliar unter genau einem einzigen Gesichtspunkt ausgewählt scheint: grottenhäßlich. Jedenfalls wird Ihnen das passieren, wenn der Besitzer des Hauses aus der Region stammt. Sie werden Geschirr vorfinden, das vermutlich aus unzerbrechlichem Material ist, häufig mit hellblauen Blümchen verziert, Besteck aus Leichtestmetall, über dem Bett wird eine Tagesdecke liegen, die Sie schaudernd an das Schlafzimmer Ihrer Großtante erinnert, es wird in Ihrem Natursteinhaus reichlich Resopal vorkommen, und die Badezimmerkacheln werden von einem fahlen, stumpfen, durch und durch unangenehmen Ockergraubraun sein, jede zehnte mit einer Verzierung drauf, es wird Lampenschirme in diesem Haus geben, die einen in Depressionen stürzen können, einmal wegen ihrer Troddeln und der Spießigkeit, zum anderen, weil sie kaum Licht geben, kurzum: Ihr Haus ist außen phantastisch und innen das reine Desaster, außer daß alles darin funktioniert. Alles ist da, was Sie brauchen, sogar der Grill für die Terrasse und der Fernseher, vor dem ein monströser Fernsehsessel Sie alsbald zu verschlingen droht, aber: Alles ist da und – praktisch. Ihre Begleiterin steht kurz vor dem Tränenausbruch, Sie selbst müssen tief Luft holen und an die italienische Designer-Couch denken, die Ihnen nach den Ferien angeliefert wird, aber da hilft nichts: In Südfrankreich gibt es, soziologisch gesehen, nur zwei Bevölkerungsgruppen, die sich für innenarchitektonische Finessen interessieren, und das sind Pariser und Ausländer. Da Sie zur zweiten Gruppe gehören, haben Sie nach der Attacke auf Ihre Geschmacksempfindungen nichts weiter zu befürchten, sofern Sie Ihre Begleiterin davon abhalten können, auf dem Absatz kehrtzumachen und sofort eine andere Bleibe suchen zu wollen. Bewahren Sie Gleichmut, machen Sie ihr (und sich) klar, daß es auch im nächsten und übernächsten und überhaupt allen Häusern so oder so ähnlich aussehen wird wie in Ihrem, weil das hier einfach so ist, und gehen Sie dazu über, den ungemein praktischen Haushalt in Benutzung zu nehmen, öffnen Sie den Wein, setzen Sie sich auf den Balkon oder auf die Terrasse, und denken Sie an die Wohnerlebnisse, die man überall auf der Welt, in Berlin oder Leipzig, sogar in Solingen inzwischen nachgeworfen kriegt, aber deswegen sind Sie nicht hier, sondern um gern hier zu sein und es sich gutgehen zu lassen, und da es in Ihrem südfranzösischen Haushalt eine robuste und funktionierende Knoblauchpresse gibt, schlage ich vor, Sie eröffnen Ihre Ferien morgen mit einer *Rouille* und bringen Ihre Begleiterin damit zweifellos auf Gedanken, in denen die Innenausstattung Ihres Hauses einfach nicht mehr vorkommt.

Die Rouille ist auch deshalb ein guter Start, weil Sie sich als erstes morgen ein gutes Olivenöl anschaffen sollten (ich weiß, daß das Olivenöl bei Aldi tadellos ist, aber es tut mir leid: Jede Ölmühle hier verkauft etwas, das völlig anders schmeckt, so gut, daß man es einfach mit Salz und Brot essen möchte – oder manchmal auch ißt, also: Öl von der »moulin d'huile«, kann man auch in Kanistern kaufen); ein paar Eier brauchen Sie sowieso, und dann nur noch Kartoffeln und Tintenfisch. Wie in allen südlichen Ländern ist auch in Südfrankreich Tintenfisch nicht gleich Tintenfisch, es gibt die kleinen »Supions«, aus denen meistens Salat gemacht wird, die »Poulpes«, die im Dialekt hier »Pouffres« heißen und nicht ganz leicht zuzubereiten sind; für Ihre Rouille brauchen Sie aber die »Seiches« oder »Blancs des Seiches«. Etwa 200 Gramm pro Person. Und Knoblauch, wobei Sie sinnvollerweise ein dickes Bund großen, billigen »Ail violet« kaufen, den es in jedem Gemüseladen und auf dem Markt gibt. Meiden Sie den kleinen Knoblauch aus dem Supermarkt, der hat mit der Gegend hier nichts zu tun.

Die Tintenfische sind praktisch schon gebrauchsfertig, manchmal steckt noch der Kalkschild drin, der muß natürlich raus. Das Wesentliche an der Rouille ist nun, den in Stücke oder Ringe geschnittenen Tintenfisch geduldig anzubraten (daneben kochen in einem kleinen Topf für jede Person zwei bis drei Kartoffeln in der Schale), und zwar bei kleiner Temperatur, dann gibt er erst Wasser ab, und wenn das verdunstet ist, kann es weitergehen, nämlich mit ein paar zerquetschten Knoblauchzehen, und da Sie von gestern noch Thymian und Lorbeerblätter haben, kommen die mitsamt einem Glas Weißwein (Wasser tut's auch) dazu. Wahlweise können auch noch Zwiebeln oder Tomaten dran, aber man sieht nicht recht ein, warum. Inzwischen sind Ihre Kartoffeln gar, werden geschält und dazugetan. Das Ganze dauert ungefähr eine halbe Stunde, und während der Zeit machen Sie eine Aïoli (einen Schneebesen finden Sie in Ihrer Küche, wenn nicht sogar eine Küchenmaschine): beliebig viel Knoblauch, aber nicht weniger als drei große Zehen, wird zerquetscht, dazu kommen ein oder zwei Eigelb – ich nehme auch noch etwas Senf, das steht zwar in keinem Rezept, es stabilisiert die Soße aber zuverlässig; dann wird gesalzen und gepfeffert, Sie schlagen alles kräftig mit dem Schneebesen und bitten Ihre Begleiterin, tropfenweise Öl dazuzutun, oder Sie machen es umgekehrt, je nachdem wer die besseren Nerven hat (der Schläger braucht bessere als der Gießer). Die Geschichte emulgiert und wird irgendwann fester, schließlich ziemlich fest. An dem Punkt geben Sie einen Eßlöffel warmes Wasser dazu. In diese Knoblauchmayonnaise wird Ihr Tintenfisch-Kartoffelgemisch – nicht kochend, sonst gerinnt das Ei – vorsichtig reingerührt, und alsbald sind die schauderhaften Plastik-Balkonstühle und die echt provençalisch geblümte Wachstuchdecke nicht nur vergessen – sie fangen schon an dazuzugehören. Wenn Sie länger bleiben, können Sie das auch mal mit dem Inhalt einer Dose Thunfisch versuchen anstatt mit Tintenfisch, auf die Art wird es eine »Salade du pêcheur«, ein Fischersalat, der sich sehr gut für Picknicks eignet.

Ich erinnere mich an südfranzösische Ferien, die mit dem unvermeidlichen obigen Schauder begonnen haben, und noch Jahrzehnte später denke ich an so wunderbare Dinge wie zum Beispiel die »flotte Lotte« in Plan de la Tour, mit der man das beste Brombeerpüree machen konnte, das je in ein Omelette gefüllt wurde, oder die geniale Fischgrillzange, in der die größte Dorade meines Lebens zur Delikatesse wurde, und in jede dieser gräßlichen Inneneinrichtungen würde ich mich, ohne mit der Wimper zu zucken,

— 32 —

jederzeit ferienhalber wieder hineinbegeben, wenn ich nicht längst hier lebte.

Und ich zweifle nicht, daß Sie mit der nötigen Portion Stoizismus da durchkommen. Ich würde mich sogar nicht wundern, wenn Sie gegen Ende Ihrer Ferien hier und da mit dem Gedanken zu flirten begännen, daß man vielleicht tatsächlich hier leben könnte, womöglich zunächst in den Ferien und über die Weihnachtsfeiertage und Ostern natürlich, und später mal ... ganz und gar.

Diesem Gedanken werden wir uns später zuwenden.

Der zweite Fall: Das Haus diesmal nicht im Sommer

Zunächst nehmen wir den Fall an, daß Sie Ihr Natursteinhaus (oder Hotel) mit dem unvermeidlichen Innenleben (auch in den meisten Hotels unvermeidlich) nicht zwischen Juni und September, sondern irgendwann zwischen Ende Oktober und Anfang Mai beziehen, weil man Ihnen gesagt hat oder Sie sich erinnern, daß man schließlich in Südfrankreich acht von zwölf Monaten gutes Wetter hat, auf der Terrasse leben, im Café sitzen, überhaupt draußen sein kann. Da ist ebenfalls was dran.

Da ist einfach deshalb was dran, stellen Sie rasch fest, weil man zwischen November und April jedenfalls in Ihrem Natursteinhaus nicht sein kann, also muß man da ziemlich viel raus. Natürlich können Sie Glück haben und eines dieser traumhaften Jahre erwischen, in denen man noch am Tag vor Weihnachten bis in den späten Nachmittag unter einem ganz milden blauen Himmel einfach vergißt, daß es Kleidungsstücke wie warme Pullover, Schal und Mütze überhaupt gibt, und im April kann man oft schon baden, und deshalb merkt man zunächst einmal nicht, was in Ihrem sonst ungemein praktischen Haus fehlt; aber kaum ist die Sonne weg, oder es bläst einmal der Mistral, oder es kommen Wolkenbrüche runter, über die Sie nur staunen, so viel Wasser ist da drin, fällt es Ihnen schlagartig auf: Ihr Haus (oder das Hotelzimmer) ist innen lausig kalt. Es hat nämlich keine Heizung. Und da es ein Natursteinhaus ist, ist es auch nicht isoliert. Folglich ist es nicht nur lausig kalt, sondern auch unangenehm feucht. Manche sind auch nicht so ganz dicht, weil sie eben Natursteinhäuser und folglich alt sind, und ich habe schon welche gesehen, an deren Wänden flossen regelrecht kleine Rinnsale runter. Wenn Sie also – zwei Pullover übereinander, die Sie glücklicherweise auf Mahnung Ihrer Begleiterin eingepackt und mitgebracht haben – nachts plötzlich aufwachen, weil die Ihnen immer ihre eiskalten Füße in die Kniekehlen bohrt, um sie aufzuwärmen, dann sollten Sie sich mal auf die Suche machen, und dann werden Sie feststellen, daß sich irgendwo in Ihrem Haus etwas findet, was Sie zunächst für eine elektrische Heizung halten. Sie ist fahrbar oder unter einem Fenster hinter der Gardine unsichtbar angebracht, und wenn Sie sie anmachen, riecht sie wie der mobile Heizkörper, den Sie während Ihrer Studentenzeit von Ihrem Zimmer ins Bad und wieder zurück gefahren haben: staubig und nicht so gut. Diese ist schmaler, heißt Radiator und ist etwas Gemeines, das Ihnen etwas klarmachen soll: Sie befinden sich in jenem Land, das bis zum heutigen Tag von einer undurchschaubaren Partei namens EDF regiert wird, der Electricité de France. Die hat es fertiggebracht, fast sämtliche Haushalte im Süden des Landes mit Gegenständen auszustatten, die schlechterdings Heizungsattrappen genannt werden müßten, wenn sie nicht irre Mengen Strom fressen würden (der Stromzähler hängt neben der Tür, und wenn Sie zwei Radiatoren anstellen, droht er zu explodieren, aber das braucht Sie als Feriengast nicht zu interessieren). Diese Radiatoren gehören zu den Rätseln der Region: sie können im Umkreis von etwa einem Meter eine gewisse Wärme erzeugen, die sofort erlischt, wenn man den Radiator ausmacht. Wenn man ihn aber nicht gelegentlich einmal ausmacht, schmort er irgendwann durch. Das riecht man allerdings vorher, nur sollte man ihn nie anlassen, wenn man aus dem Haus geht. Wenn Sie einmal darauf achten: Besonders alte Menschen sind hier besonders im Herbst und Winter besonders vormittags viel auf den Straßen – da ist es zu Hause zu kalt, und da müssen sie sich bewegen.

— 35 —

Übrigens – wärmt das gekochte Wasser, von dem ich oben berichte. Besser als Tee. Allerdings werden Sie davon bei der Kälte nicht wirklich satt. Womit wir zu einem Kapitel schreiten, das Ihnen den Winteraufenthalt in Ihrem Natursteinhaus unvergeßlich machen wird, zum

Cassoulet oder: Wer hat's erfunden?

Es gibt viele Gerichte in Frankreich (wie anderswo auch), bei denen schon religiöse Inbrunst mitschwingt, wenn man bloß ihren Namen ausspricht, und deren Zubereitung nur mit rituellen Handlungen verglichen werden kann – die legendäre Bouillabaisse aus Marseille ist eben keine profane Fischsuppe, die dreizehn Desserts, die es dort zu Weihnachten gibt, symbolisieren die Teilnehmer am Abendmahl, die »Cargolada« (Schnecken vom Grill) ist eine Osterzeremonie, und die »Couronne des Rois«, ein Kuchen, der zum Dreikönigstag gegessen wird, schmeckt im Grunde nur, wenn man katholisch ist oder ein Kind (weil nämlich irgendwo eine kleine Bohne eingebakken ist, und wer die kriegt, ist der Prinz oder die Prinzessin).

Und wo wir also gerade bei Bohnen sind: Ich kenne kein Gericht, um das ein solcher bis heute nicht beigelegter Glaubenskrieg geführt wird wie um das Cassoulet, das auf den ersten Blick nichts weiter ist als ein rustikaler Weiße-Bohnen-Eintopf für kalte Tage. Das aber – sollten Sie je Kontakt mit der eingeborenen Bevölkerung haben, und das sollten Sie! – sagen Sie um Himmels willen nicht laut, weil es Sie sofort vom unschuldigen Ausländer zum Pariser mutieren läßt, der hier als blasierter Schnösel empfunden wird. Und man muß schon ein Schnösel sein, um die Dimension des historischen Kampfes diverser Bruderschaften ums Cassoulet mit einem achselzuckenden »Bohneneintopf halt« wegwischen zu können, eines Kampfes zwischen den Städten Castelnaudary, Carcassonne und Toulouse, in dem vor einigen Jahrzehnten sogar einer der drei Gegner (der Gesandte der Stadt Carcassonne) dazu schritt, eine »Weltordnung des Cassoulet« zu erstellen und zu verkünden, in der er jene Flegel bös anprangerte, die nicht davor zurückschrecken, für das Gericht argentinische Bohnen zu verwenden. Der letzte Stand der Auseinandersetzung ist mir im Augenblick nicht bekannt, daher greife ich, um zur Sache, dem Rezept für Ihren Winterabend, zu kommen, zu dem religionsphilosophisch interessanten, jedenfalls versuchsweise salomonischen Urteil, das Prosper Montagné, ein anerkannter Cassoulet-Kaiser, über die Angelegenheit gefällt hat, indem er sagte, dieses Gericht sei wie ein Gott in drei Personen. Nach dem Dreifaltigkeitsgedanken hat sich folgende Sichtweise durchgesetzt: Das Cassoulet von Castelnaudary ist Gottvater, das von Carcassonne der Sohn und das von Toulouse der heilige Geist (was viele Leute nicht wundert, da der heilige Geist ja ein Fremder, ein Ausländer gewissermaßen war und also nicht viel vom Cassoulet verstanden hat und niemand außerhalb von Toulouse von dieser Variante besonders viel hält). Soweit mein Hinweis auf etwas, das Sie in Südfrankreich wissen sollten, wenn Sie mit der hiesigen Seele in Berührung kommen: sie ist, seit man die Hugenotten nach Brandenburg und Berlin vertrieben hat, katholisch. Und zwar durch und durch weltlich katholisch und voller katholischer Verspieltheit und voller Humor, der natürlich dem Ernst des Cassoulet-Streits die Waage hält. Kurz: Hier gibt es Witz. Und im Winter Bohneneintopf.

Sie können ihn meinetwegen mit argentinischen Bohnen zubereiten, aber ich lebe schon so lange hier, daß ich Ihnen sagen kann: Wo Sie schon einmal hier sind, nehmen Sie die, auf denen »Lingots« steht, sie werden hier unten in relativ begrenzter Menge angebaut. Und selbst darüber geraten sich die Leute in die Haare, ob die aus Pamiers oder die aus Mazères besser sind, aber wie dem auch sei, mir kommt vor, »Lingots« werden samtiger beim Kochen als andere, ich glaube, sie saugen die Soße besser auf. Ungefähr 100 Gramm pro Person weichen Sie am Vorabend ein. Wenn es dann ans Kochen geht, geben Sie zum Würzen einiges dazu:

eine Zwiebel (wenn Sie in Ihrem Haushalt finden: mit Nelken gespickt) sowie
ein Bund aus Thymian und Lorbeerblättern und dann noch ein bißchen

Fleischernes: bei Gottvater sind das ein paar Schweineschwarten, die »Couennes« heißen (Kuann, wobei das ua fast wie ein W ausgesprochen wird, bei jedem Metzger zu haben, in vielen Supermärkten auch)
eine dickere Scheibe Speck sowie
etwas Dörrfleisch (»Poitrine Fumée«)
eine geräucherte oder gesalzene Schweinehaxe (»Jarret de Porc«)
ein oder zwei Knoblauch-, Koch- oder Bratwürste, die »Saucisse de Toulouse« heißen – der Heilige Geist läßt grüßen, insgesamt 350 Gramm – sowie ein paar
eingemachte Ententeile, die Sie allerdings auch erst später dazutun können.

Dies alles bekommen Sie im Winter problemlos überall, und die Ente müssen Sie als unschuldiger Ausländer nicht selbst einlegen, die kaufen Sie in Dosen als »Confit de Canard«.

Wie Sie inzwischen ahnen, ist dies eine Mahlzeit, bei deren Einkauf und Zubereitung Ihre Begleiterin nicht unbedingt mitspielen sollte, weil es nichts Schlimmeres gibt, als wenn jemand einem das Cassoulet verdirbt, indem er versucht, die Kalorien darin einzeln zu zählen. Das geht nämlich nicht.

Sie kochen das also mit wenig bis gar keinem Salz, dafür aber ordentlich Pfeffer auf, fügen etliche zerquetschte Knoblauchzehen hinzu, die Sohngottes-Variante enthält an dieser Stelle auch noch Tomatenmark, und dann lassen Sie es leise simmern, es dauert eine sehr gute Stunde, bis alles gar ist, eher mehr, die Bohnen sind nämlich tückisch und lassen sich nicht berechnen.

Irgendwann, während Ihr Eintopf köchelt, fällt Ihnen auf, daß sich Ihr Heizungsproblem praktisch von selbst erledigt hat. Vollends warm wird Ihnen, wenn Sie anschließend einen Tontopf finden. Der »richtige« Topf heißt »Cassoule«, und ich erspare Ihnen die Einzelheiten über dessen Beschaffenheit, Form und Nicht-Lackiertheit, es genügt, irgendwas zu finden, das man in den Backofen schieben kann, und ich wette: Dies gibt es in Ihrer Bleibe. Das legen Sie mit den Schwarten aus, füllen eine Schicht Bohnen darauf, dann kommt das in große Stücke geschnittene Fleisch und bei mir erst jetzt die Würste sowie die eingemachte Ente, die mir nämlich sonst an dieser Stelle schon zerkocht und zerfallen wäre. Abschließend wieder Bohnen, bis alles zugedeckt ist. Obendrauf streuen Sie großzügig Semmelbrösel, die Sie entweder aus dem übriggebliebenen Baguette vom Vortag hergestellt oder unter dem Begriff »Chapelure« gekauft haben. Die an sich obligatorische Begießung des Gerichts mit heißem Gänsefett sowie die gewiß religiös motivierte zweimalige Wiederholung dieses Vorgangs erspare ich Ihnen, um Sie der Dame gegenüber nicht in Verlegenheit zu bringen, die irgendwann zu diesem Zeitpunkt ihre Zeitschrift weggelegt hat, dem Duft gefolgt ist und ohne Mühe die Küche gefunden hat, und jetzt wäre es schade, wenn sie Sie so kurz vor Schluß noch in der dritten Runde Gänseschmalz erwischte. So. Jetzt kommt der Topf in den Ofen, der mit seinen 120 Grad auch schon sehr schöne Heizwirkung entfaltet, und da bleibt er dann, solange Sie mögen, gelegentlich sollten Sie nachsehen, und wenn die Kruste kroß und gerade hellbraun ist, nehmen Sie ihn raus. Bei akutem Hunger überbacken Sie das Cassoulet heiß, also 220 Grad, das wäre aber eine Sünde: Vater, Sohn und Heiliger Geist rechnen bei 120 Grad mit vier Stunden. Das liegt vermutlich daran, daß Frankreich von der EDF regiert wird.

Ich an Ihrer Stelle würde von Anfang an gleich die doppelte Menge Bohnen nehmen: Bei gleicher Menge Fleisch ergibt das ein halbiertes Konfliktpotential in der Kalorienfrage sowie für zwei Tage bestes Essen. Und ein warmes Haus. Und wenn es jetzt beispielsweise Februar ist, was ich Ihnen sehr wünschen möchte, dann wird in der Nähe Ihres Hauses oder sogar vor Ihrem Fenster unfaßbar gelb eine Mimose blühen, nicht weit davon entfernt zartrosa und wie ein duftiger Schaum eine Mandel, darüber strahlt unfaßbar blau (und kalt, immer wenn er so blau ist, ist es kalt) der Himmel, aber die Kälte merken Sie gar nicht, im Gegenteil ist Ihnen unfaßbar warm, und dann fangen Sie an, das Haus und die Gegend liebzugewinnen und mit einem Gedanken zu liebäugeln, der Ihnen in Bochum, Jena oder Offenburg, oder wo immer Sie Ihren Wohn- und Arbeitsplatz haben, noch zusetzen wird.

Ein Bein im Süden

In den letzten Jahren hat in Südfrankreich die ohnehin rege Fluktuation gewaltig zugenommen. Es wird lang- und kurzfristig sowie saisonal hin und her migriert, was das Zeug hält, und zwar – infolge des europäischen Zusammenschlusses verschärft – auch international, wobei vor allem Schweizer, Belgier, Engländer und natürlich Deutsche kommen. Und wieder gehen. Besonders die Deutschen. Um dauerhaft hier zu leben – davon später –, kommen neben den Rentnern, die sich ihren Traum vom späten Süden erfüllen wollen, vor allem Menschen, die den unbestreitbaren Vorteil der Globalisierung nutzen, daß Computer auch außerhalb der Städte und Metropolen funktionieren. Und natürlich zieht es wie eh und je Künstler und Kunsthandwerker in den Süden, die hier in der Regel genauso wenig verdienen wie in Paris, Yverdon oder Mühlheim-Ruhr, aber wenigstens ist es hier schön, sagen sie sich. Das stimmt, aber es hat seine Tücken.

Deshalb nehmen wir zunächst den etwas weniger heiklen Fall an, daß das Cassoulet in Verbindung mit der Mimose vor Ihrem Fenster Sie darauf gebracht hat, daß Ihr Bausparvertrag demnächst fällig ist, eine hübsche Summe, mit der Sie gut und gern eine halbe Einzimmerwohnung in Köln finanzieren könnten, aber was wollen Sie damit? Ihre Begleitung, die wir von nun an Hildegard nennen wollen, macht sich nichts aus dem Karneval, und das Wallraff-Richartz-Museum kennen Sie allmählich auswendig. Der Blick in die Schaufenster diverser Immobilienhändler in Ihrem südfranzösischen Ferienort hat Sie zwar etwas erschreckt, aber vielleicht sind die Preise auch noch in Francs, und wenn man das durch sieben teilt, kommt man auf einen Euro-Betrag, der schon ganz anders klingt. Kurz und gut: Sie werden in Südfrankreich ein Häuschen kaufen und zunächst in den Ferien, später dann ganz und gar dort leben. Sie nehmen sich im Herbst zwei Wochen Urlaub und fahren da wieder mal hin, in die Drôme vielleicht oder ins Herault, vielleicht etwas hoch in Richtung Gebirge: Die Cevennen sind landschaftlich ein Traum und im ganzen bezahlbarer als die Südalpen, obwohl man da den Vorteil hat, daß man da blitzschnell zum Skilaufen gehen könnte. Egal. Hauptsache ist, Sie gehen die Sache im Herbst oder Winter an und meiden bei der Wahl der Region die unmittelbare Nähe der oben schon erwähnten Côte d'Azur, weil dafür der Bausparvertrag nicht reicht und ab Frühling hier saisonbedingt die Preise steigen und weil Sie schließlich nicht der einzige sind, dessen Bausparvertrag ausläuft. Je nachdem, um welche Summe es sich handelt, sollte ich Ihnen vielleicht hier eine nur scheinbar geographische Hilfestellung geben: Die Rhône trennt den Süden des Landes in zwei Hälften. Links davon, also im Osten, heißt praktisch alles Provence. Das ist das magische Wort, von dem die Leute träumen, die nicht dort wohnen. Das wiederum ist das, was die Leute wissen, die dort Wohnungen und Häuser verkaufen. Das Gebiet rechts hingegen, also westlich der Rhône, heißt Languedoc-Roussillon, und weil die meisten Leute dieses Wort nur vage kennen und auch nicht so gern aussprechen mögen, träumen sie auch nicht davon. Diesem Gedanken folgend, bin übrigens ich vor etlichen Jahren auf der Höhe von Orange nach rechts von der Autobahn abgefahren, während Peter Mayle so leichtfertig war, sich links zu »installieren« (so der französische Ausdruck für »ansiedeln«), und dann hatte er den Salat und sah sich vor der schrecklichen Notwendigkeit, einen Bestseller nach dem anderen über die Gegend und die Leute darin schreiben zu müssen, um sein Häuschen bezahlen zu können, worauf Tausende von japanischen und anderen Touristen die Gegend stürmten, um die Bäckerin anzustarren, über die er geschrieben hatte, und die Bäckerin und die Leute in der Gegend hatten nicht so sehr gern, daß sie angestarrt wurden, und schließlich mußte er da wieder weg. Ich nehme an, daß er das geahnt hat, sonst hätte sein Buch ja »In der Provence« geheißen und nicht »Ein Jahr in der Provence«, aber dafür fahren Sie nicht in den Süden, daß Sie Ihr kaum erworbenes Häuschen im Jahr drauf wieder verkaufen.

Deshalb ein paar Hinweise. Es gibt eine konventionelle und eine unkonventionelle Art, eine Immobilie zu finden. Die konventionelle ist weltweit gleich und hat nichts mit Südfrankreich zu tun, weshalb ich sie hier nicht behandele. Die unkonventionelle ist in allen Fällen, die ich kenne, die erfolgreichere gewesen. Sie setzt rudimentäre Sprachkenntnisse voraus; nicht mehr als rudimentär müssen sie sein, aber das schon, weil in ganz Frankreich, also auch im Süden, kein Ausländisch betrieben wird, auch kein Englisch. Sie sollten im Ort Ihrer Wahl zunächst einmal die Schaufenster der Immobilienhändler studieren, aber das haben Sie ja schon im Urlaub getan. Danach fassen Sie sich ein Herz und gehen einfach mal irgendwo rein. Da zeigt man Ihnen Fotos von etwas, das »Maison de Village«, Dorfhaus, oder »Mas«, Bauernhaus, heißt, und fährt Sie gern in der Gegend rum. Drei Objekte ansehen reicht fürs erste: sie sind aus Naturstein, und zwar weil der Immobilienhändler Ihren Akzent gehört hat und den dazugehörigen Traum kennt, und sie sind allesamt bildschön und erfordern aufwendige Renovierungsarbeiten.

Parallel zur Immobilienaktion kaufen Sie sich sämtliche Regionalzeitungen, vor allem die Kleinstzeitungen, studieren die Aushänge im »Tabac« sowie in den größeren Supermärkten der Umgebung, also Intermarché; undsoweiter.

— 47 —

Sie werden nun feststellen, daß diese Häuser sehr viel günstiger sind und daß die Preisdifferenz der auf diesem Weg angebotenen Wohnungen oder Häuser erheblich mehr als die gesetzlich geregelten 10 Prozent beträgt, die der Vermittler für seine Dienste kassiert, und Sie werden folglich zum Telefon greifen müssen.

Radebrechen ist völlig okay, und am Telefon fällt Ihnen alsbald eine erfreuliche Eigentümlichkeit des südfranzösischen Akzents auf: er ist besser zu verstehen als die nördlichen Dialekte. Nur Mut. Bon courage. Beherzte Menschen sprechen auch die Kellner in ihrem Lieblingscafé an, das sie allerdings schon ein paar Tage kennen sollten. Ich bin seinerzeit zur Mairie, zur Bürgermeisterei, gegangen und habe mich erkundigt. Von dort haben sie mich zum örtlichen Notar geschickt, und das ist dann auch noch die Geschichte einer wunderbaren Freundschaft geworden, aber das muß es ja nicht gleich.

Sie werden ein Rendez-vous ausmachen und also über kurz oder lang mit dem Besitzer oder einem Bevollmächtigten in einem jener Häuser stehen, deren Innenausstattung Sie schon aus dem Urlaub kennen, und nun empfiehlt sich unter allen Umständen Beherrschung: also keine Anzeichen von Entsetzen zeigen, nicht auf der Stelle mit Hildegard die notwendige Entrümpelung und Gesamtentkernung diskutieren, kein »Da-könnte-man«, kein Stirnrunzeln, Naserümpfen, kein Zögern, keine Mutlosigkeit oder

Miesepeterei, Luft können Sie sich machen, wenn Sie wieder draußen sind.

Jetzt wird mit dem Besitzer Begeisterung geradebrecht, es müssen Komplimente für das Haus her, der Geschmack wird nicht angezweifelt, der Ort wird gelobt. Gefragt wird allerdings nach einigen unverfänglichen Details: Wie sind die elektrischen Leitungen (meistens für jeden, dem diese Dinge in Oldenburg bisher gar nicht aufgefallen sind, in eigenartig sichtbarem und verworrenem Zustand, das macht nichts), ist das Haus isoliert, gibt es städtisches Gas, einen Kamin oder Holzofen, Sie können über die Weihnachtstage schließlich nicht jeden Tag Cassoulet machen und ansonsten auf Radiatoren sitzen.

In der Regel, um Ihnen das klar zu sagen, sind »Maisons de Village« oder »Mas« für Menschen, die nicht gerade eine Leidenschaft für Renovierungsarbeiten haben, technisch und ökonomisch gesehen, etwas, was Bausparverträge glatt übersteigt, deswegen sollten Sie nun allmählich dazu übergehen, es wie die Leute zu machen, die von hier stammen und für Natursteinromantik nicht sehr viel übrig haben, weil sich da in den Kellern die Nässe nur so staut und man sich sogar in manchen von den Dingern mitten im August den Hintern abfriert: Sie sollten die Sünden der Nachkriegsarchitektur vergessen, vor deren Hintergrund sich das besichtigte Objekt *natürlich* idyllisch ausnehmen muß, und sich fortan um den Erwerb einer im offiziellen Französisch »Villa« genannten Immobilie bemühen. Der hiesige Ausdruck trifft nicht ganz, was das ist, sie heißen im Volksmund »Baraques«, und irgendwo zwischen den beiden Begriffen dürfte das liegen, was Sie als »Villa« vorfinden werden, nämlich sehr schlicht und übersichtlich, meist auf einem Grundstück von einigen hundert Quadratmetern an den Ortsrand gepflanzte kleine Grundwohnwürfel, die in der Regel von ganz jungen Paaren anläßlich der Eheschließung gebaut oder gekauft werden. Hier wird jung geheiratet, die Paare sind zu dem Zeitpunkt so Anfang Zwanzig, folglich noch ganz unbelastet von architektonischen Fragen oder solchen der Wohnkultur, sondern denen geht es vor allem um das eigene Bett unterm eigenen Dach, und mit der daraufhin einsetzenden, oft nicht unerheblichen Kinderzahl sind die anfänglichen knapp hundert Quadratmeter irgendwann zu eng, und dann wird: angebaut.

Sie können Hildegard, wenn sie von der naturfernen Betonbauweise nicht angetan ist, sanft darauf aufmerksam machen, daß das Verfahren, an einen Grundwohnwürfel weitere Anbauwürfel für Kinder oder pflegebedürftige Elternteile undsoweiter anzukleben, im Grunde genau das ist, was sie als Kubismus bewundert hat und was die hiesige Landschaft seit Valence so wunderhübsch würfelig durchzieht, daß man gleich weiß: In Valence fängt Südfrankreich an, und im übrigen sollten Sie sie darauf hinweisen, daß diese Häuser keine Ruinen, sondern zum Drinleben bestimmt sind:

— 50 —

tadellos isoliert, Doppelglasscheiben, das Heizungsproblem durch Kamine auf ein erträgliches Maß reduziert, das Ding steht auf einem Betonsockel (manche leider auch nicht, aber ich versichere Ihnen, das ist überhaupt kein Problem gegen die feuchten Keller, die ich hier schon gesehen habe), und überhaupt: Wozu braucht der Mensch einen Keller, Hauptsache, das Dach ist dicht, und das ist es. Innen ist alles nicht so raffiniert aufgeteilt wie in Ihrer Neubau-Siedlung in Mühlheim-Ruhr, sondern komplett verschnitten: die Flure zu schmal, manche Zimmer zu klein, andere riesig, weil sie der »Salon« sind, das Bad mit dem unvermeidlichen Bidet und den fischleinverzierten, stumpfen ockerbraunen Kacheln ein enger Schlauch, die Türen aus einem Material in der Gegend von Pappe und überhaupt nichts zum Davon-Träumen. Aber bezahlbar. Beheizbar. Und alles funktioniert. Und in Südfrankreich lebt man ja ohnedies acht von zwölf Monaten draußen, oder? Deshalb die große Terrasse. Kann man eine Pergola drumherum machen lassen. Kann man Wein hoch- und drüberwachsen lassen, kann man abends drauf sitzen, den besagten Ballon Rotwein trinken und den Sonnenuntergang anschauen. Sogar im Winter, gegen fünf, wenn der Himmel orange und lila glüht. Und dann schnell wieder reingehen, wo es warm ist. Und das ist dann unbezahlbar.

Aber wenn nun Hildegard ihr Herz nun doch an das zauberhafte Landhaus vier Kilometer von St. Ambroix oder Béziers verloren hat, von dem sie schon im Sommer wußte: dies oder keines, weil dort alles anders sein würde als in dieser gräßlichen Ferienbehausung? Und jetzt stellt sich heraus, daß es zu verkaufen ist. Nicht mal besonders teuer. Dann sollten Sie alles vergessen, was Sie über Handwerker zu wissen meinen, Ihren Bausparvertrag noch einmal unter vier Augen konsultieren und gegebenenfalls die Sache gelassen angehen.

Davon aber später, denn zunächst müssen Sie mit dem Besitzer oder dessen Vertreter zum Notar, einen sogenannten »Compromis« abschließen, das ist ein verbindlicher Vorvertrag, und das kostet Sie an dieser Stelle 10 Prozent vom Kaufpreis. Den Kaufpreis selbst müssen sie als Ausländer drei Monate später auf den Tisch legen. Dann können Sie einziehen.

Wenn Sie diese Gebrauchsanweisung sorgfältig gelesen und befolgt, dazu noch Glück gehabt und Ihr Häuschen im Oktober gefunden haben, heißt das, Sie können entweder über Weihnachten oder im Januar rein, und egal, wo Sie sich dann befinden: da haben Sie wieder Glück und kommen gerade richtig zum

Trüffelmarkt

Man denkt bei französischen Trüffeln immer ans Périgord. Tatsächlich wird der Markt nur zu 10 Prozent aus dem Périgord beliefert, 80 Prozent der französischen Trüffel stammen aus dem Midi, aus den Regionen Provence-Alpes-Côte d'Azur, dem Languedoc-Roussillon und den Rhône-Alpen.

Und überall dort gibt es Trüffelmärkte. Wo immer Sie also sind: Zwischen Dezember und März ist einer. Und Sie sollten ihn nicht verpassen.

Trüffelmarkt geht so: Kurz vor Weihnachten fangen alle an, über Trüffel zu reden. Die Gespräche sind jedes Jahr gleich, weil jedes Jahr wieder die schlimmsten Befürchtungen ausgetauscht werden. Unter Seufzen erinnert man sich an den schrecklichen Regen im Mai und die vernichtende Trockenheit im September oder umgekehrt. Und im August hat es auch keinen Tropfen Wasser gegeben, da wird es wohl dieses Jahr nichts mit den Trüffeln werden, und überhaupt sinken Jahr für Jahr die Erträge, die Preise steigen, und das Wetter überhaupt ist nicht mehr das, was es war. Es geht ein großes Jammern und Wehklagen durchs

Land, jeder kennt jemanden, der mit Bestimmtheit weiß, daß das Kilo 6000 Francs (ca. 900 Euro) kosten wird, und das Elend erfordert eine bestimmte Mimik, wenn man es erörtert, eine Trüffelmimik, an der man gleichermaßen den Ernst der Lage sowie jede Menge Sachverstand erkennt, und das alles ist sehr lustig, wenn man weiß, daß es zwei Trüffelmärkte gibt, auf denen der hiesige Tuber melanosporum gehandelt wird. Da ist einmal der, den Sie unbedingt besuchen sollten, und dann gibt es noch einen, der so schwarz ist wie die Dinger selbst. Und wenn man nur immer wieder die schrecklichen Unwetter und Dürrekatastrophen beschwört, die ausgerechnet in diesem Sommer alles vernichtet haben, so daß der klägliche Fund natürlich furchtbar teuer sein *muß*, dann freut sich der unschuldige Ahnungslose, daß der offizielle Preis schließlich wie jedes Jahr bei um die 3000 Francs (etwa 450 Euro) pro Kilogramm liegt, er atmet erleichtert auf, zahlt gern und hat im übrigen ein gutes Geschäft gemacht, wenn er bedenkt, daß die kleine Knolle in Paris den dreifachen Preis hat. Mindestens. Und da es ja, Gott sei's geklagt, bekanntlich eine dürftige Ernte war, kommen zwar ausreichende, aber dem Bedarf entsprechend wohlkalkulierte Mengen auf den Trüffelmarkt, die wirklichen Mengen werden jedoch an der Steuer vorbei aus dem »Coffre« gehandelt, von einem Kofferraum in den anderen, irgendwo in der immergrünen und vor allem menschenarmen Landschaft, in der Garrigue, von der Südfrankreich voll ist,

— 54 —

und wenn Sie im Winter da hindurch fahren, sehen Sie gelegentlich, wie zwei ihre Kofferräume hastig zuklappen, und jetzt wissen Sie, was die da machen. Es ist ein großes Geheimnis um den »schwarzen Diamanten«, und nur der Eingeweihte, der irgendwo eine Quelle hat und also weiß, daß er nicht halb so teuer ist, wie alle tun, nennt ihn derb provençalisch »Rabasse«, aber es braucht Zeit und Geduld, um so eine Quelle zu finden.

Also gehen Sie auf den Trüffelmarkt, den natürlich auch die nicht versäumen, die anderweitig längst versorgt sind, weil: der ist spektakulär. Zunächst einmal ist er ein Nasenereignis, nein, eine Nasenverzauberung, weil der ganze Marktplatz, was sage ich, der ganze Ort beduftet ist. Was der weltweit als Markenzeichen für die Provence anerkannte Lavendel- oder der Pinienduft im Sommer ist, das ist – international völlig unbekannterweise – der Geruch der Trüffelmärkte im Winter. Er zieht allerdings Tausende französischer Feinschmecker in die kleinen Städtchen im Süden, Köche kleiner »Auberges« und die der großen Dreisternerestaurants, und das ist ein Fest. Ein Fest für Liebhaber, die sich zwar nicht kennen, aber durchaus einer mit dem anderen – nun mit freudigem Sachverstand, weil der Preis ja stabil geblieben ist trotz der schlimmen Befürchtungen* – unbe-

---

* die leider in diesem Jahr erstmals eingetroffen sind, sogar in der Zeitung stand es: Die besagte Trockenheit im September und

kannterweise die Ware diskutieren, sie sich gegenseitig zum Beriechen unter die Nase halten, dann die Frage der Haltbarkeit besprechen (möglichst nicht länger als fünf Tage und im Kühlschrank aufbewahren) und dann natürlich die unglaublichsten Rezepte austauschen.

Ich nehme an, Ihnen ist bei der Lektüre dieses Buches aufgefallen, daß es in dieser »Gebrauchsanweisung« häufiger als in der für Deutschland oder Amerika beispielsweise kulinarisch zugeht, und das hat seine Richtigkeit, auch wenn Hildegard von ihren Eltern gelernt hat, daß man beim Essen nicht vom Essen redet, und sonst muß man ja nicht vom Essen reden, aber natürlich wissen Sie: Überall in Frankreich redet man vom Essen – vor dem Essen, beim Essen und nach dem Essen und sonst sowieso, weil Essen Kultur ist. Theoretisch ist das klar. Aber das Komische ist: Man tut es wirklich, und wenn Sie je bei französischen Gastgebern eingeladen sind, sollten Sie es auch tun, und zwar ausgiebig, neugierig und verschwenderisch, weil Sie sonst nicht noch einmal eingeladen werden, und das wäre doch schade. Es schadet aber nichts, wenn Sie es auch dann tun, wenn Sie gerade nicht von französischen Gastgebern eingeladen sind,

Oktober, vor allem aber ein hier ungewöhnlicher, wochenlang andauernder Frost vor Weihnachten haben im Winter 2002 weit mehr als die Hälfte der Trüffel vernichtet.

weil es der frohe Teil von Kultur ist, der allerdings eine besondere Art von Ernsthaftigkeit erfordert.

Noch aber geht es nicht ans Essen, noch sind Sie auf Ihrem Rundgang über den Markt, auf dem es im wesentlichen nur zwei Produkte gibt, denn außer den Pilzen werden auch noch ihre prospektiven Wirte verkauft. Trüffel wachsen unter bestimmten Bedingungen, die keiner so genau kennt, unter bestimmten Eichen, aber auch unter Kastanien oder Nußbäumen, die an den Wurzeln mit den Sporen »infiziert« sind. Mittlerweile gibt es etliche Baumschulen, die auf hochkomplizierte Weise diesen Infektionsvorgang so hinkriegen, daß etwa 60 Prozent der behandelten Bäumchen tatsächlich trüffelträchtig sind, allerdings kann das fünf Jahre dauern, wenn Sie heute vom Markt so ein Bäumchen mitnehmen, und ein paar Bäumchen sollten es aus statistischen Gründen schon sein. Wenn Sie dem Duft nicht widerstehen können, kaufen Sie halt ein paar. Teuer sind sie nicht. Aber sehr gefährdet ist Ihre künftige Ernte dennoch. In der Gegend wimmelt es nämlich von Trüffelsüchtigen, die vor nichts zurückschrecken. Die sehen sofort, wo es was zu holen gibt, weshalb die professionellen Trüffelbauern ihre kostbaren Terrains mit Stacheldraht einzäunen. Amateure hingegen sind jene, die denken, wenn sie ein Schild mit der Aufschrift »Poison« oder »Landwirtschaftliche Versuche, toxisch« aufstellen, fiele so ein Dieb darauf rein.

Da Trüffel mit Hunden gesucht werden, weibli-

— 57 —

chen Hunden übrigens, ist eine beliebte Spielart des obigen Vergehens auch der vorweihnachtliche Trüffelhundklau. Der steht dann in der Zeitung.

Aber zurück zu dem Ding an sich, über das völlig zu Recht Bücher geschrieben worden sind, ganze Bibliotheken von Büchern. In einem von denen, die ich besitze, findet sich ein phantastischer »Nutzungsfahrplan«. Wenn man dem folgt, kann man über ein Wochenende hinweg jeweils mittags und abends ein zweigängiges Trüffelmenü für vier Personen aus einer einzigen 50-Gramm-Knolle konfektionieren. Und wenn Sie das mal kurz überschlagen: haben Sie damit einen fairen Preis von 22,50 Euro für zwei Tage Seligkeit. Dies als Argument für den Fall, daß Hildegard sich nichts aus Alimenten macht, die dem Kilopreis nach eher ans Handgelenk als auf den Teller gehören. Das Wochenendprogramm finden Sie in der »Petite anthologie culinaire de la TRUFFE«, Untertitel: »Recettes...et Dépenses«, von Jean-Marie Rocchia und Gérard Rossini.

Wenn Sie allerdings ein Trüffel-Neuling sind, sollten Sie zunächst ein sehr puristisches Rezept ausprobieren, das ein wenig teurer ist, aber die Gewähr bietet, auch bei Hildegard als Einstiegsdroge zu funktionieren.

Sie brauchen dazu nichts weiter als

pro Person 1 Trüffel, die ruhig etwas größer sein darf als eine Murmel

— 58 —

pro Trüffel 1 Scheibe Dörrfleisch
Olivenöl, möglichst das aus der Ölmühle, von
dem ich oben sprach, sowie
Pfeffer.

Wenn Sie dieser »Gebrauchsanweisung« gefolgt sind,
haben Sie beim Erwerb Ihres Hauses wegen der EDF
darauf geachtet, daß ein Kamin drin ist. Wenn nicht,
können Sie die geschmackliche Beeinträchtigung
nicht umgehen, die unvermeidlich ist, wenn Sie die
»Truffes à la Paysanne« im Backofen Ihres Herdes zubereiten, wo sie allerdings auch wunderbar werden.
   Sie haben sich also die schönsten Exemplare vom
Markt mitgebracht, das Feuer knistert fröhlich vor sich
hin, und bevor es ganz poetisch wird, müssen Sie jetzt
Ihre Gäste- oder Reisezahnbürste opfern, weil es ein
Sakrileg wäre, den Sand von den Kostbarkeiten run-
terzuwaschen. Die werden ganz vorsichtig abgebür-
stet, bis sie unter der erdigen Schicht dunkelschwarz
hervorkommen. Dann schälen Sie sie möglichst geizig,
gerade nur so, daß die huppelige Oberfläche glatt wird.
Wenn Sie doch mal ein bißchen mehr erwischen,
macht es aber auch nichts; die Späne nimmt man, um
Olivenöl zu Trüffelöl zu transformieren: einfach in die
Flasche rein und fertig.
   Manche marinieren die Trüffel nun eine Stunde in
irgendeinem Obstwasser oder so; ich habe es auspro-
biert und finde es etwas »chichi«, jedenfalls überflüs-
sig. Ob mit oder ohne Einlegen, jedenfalls wickeln Sie

— 59 —

um jede Trüffel eine Scheibe Dörrfleisch, geben ein paar Tropfen Olivenöl und eine kräftige Prise frischgemörserten Pfeffer drauf und setzen sie auf ein kleines Blatt Alufolie, das Sie oben auf Bonbonart zudrehen. Diese Päckchen kommen in den Aschekasten Ihres Kamins oder eben in den Backofen, wo sie bei mäßiger Temperatur eine halbe Stunde später gerade richtig sind. Inzwischen haben Sie eine Flasche Pomerol oder einen Châteauneuf-du-Pape geöffnet, die Trüffel läßt sich ausgezeichnet in hauchdünne Scheibchen schneiden und verträgt sich glänzend mit dem Wein. Und nachdem ich das zum ersten Mal gegessen habe, bin ich ins Auto gestiegen, auf den Trüffelmarkt gefahren und habe dort noch einmal gewaltig zugeschlagen. Inzwischen richte ich es so ein, daß die Menge außerdem noch für die traditionelle »Brouillade aux truffes« reicht, eine Luxusspielart des ordinären Rühreis, die Sie zwar für 9 oder 10 Euro zur Trüffelzeit in jedem Bistrot kriegen können, allerdings hat dort der Patron dem Koch das Sparen eingebleut, also trage ich das Geld lieber direkt zum Markt, davon wird die Brouillade dann üppig.

Das Rezept arbeitet mit der Tatsache, daß Trüffel duften und Eier geruchsdurchlässige Schalen haben. Wenn man also beide eine Nacht lang in ein Plastikschälchen der Art Tupperware zusammensperrt, dann wird das Ei intensiv parfümiert. Am nächsten Tag befreit man die beiden, schlägt die Eier in eine Schüssel, halbiert die Trüffel (15 Gramm pro Person sollten es

— 60 —

sein, nach oben ist dem Genuß allein Ihre persönliche finanzielle Grenze gesetzt), schneidet die eine Hälfte in kleine Stücke oder raspelt sie, vermischt sie mit den Eiern und läßt das Gemisch zwei, drei Stunden im Kühlschrank wirken. Die andere Hälfte wird in feinste Lamellen geschnitten, die man kurz und bei sanfter Hitze in ein wenig Olivenöl warm werden läßt, keinesfalls sollen sie braten, nur eben lauwarm werden. Dann kommen sie auch in die Schüssel, alles wird sehr gut verrührt, gesalzen, gepfeffert, ein bißchen stehen gelassen, und jetzt ist strittig, wie man weiterverfahren soll: Menschen mit einer rohen Seele geben Butter oder Olivenöl in eine Pfanne und braten ein Rührei, Sensible hingegen setzen die Eierschüssel in einen Topf mit kochendem Wasser und rühren. Die dann allmählich entstehende Creme ist nicht flockig wie ordinäres Rührei, sondern glatt und cremig und ein Gedicht, und alle großen Köche machen im übrigen auch das ordinäre Rührei im Wasserbad.

Wenn Ihnen das zu umständlich ist, können Sie sich für die Nudelvariante entscheiden: Trüffel in einen Topf mit Crème fraîche reiben, eine Nacht stehen lassen. Salz und Pfeffer ran und auf eine Portion frisch gekochte Nudeln der Sorte Tagliatelle geben. Dafür braucht man gar nicht kochen zu können.

Das ist ungefähr das beste, was man zu zweit oder in Familie mit einem kalten Januarsonntag machen kann, und es wird nur übertroffen von dem Vergnügen, es mit Freunden zu teilen.

— 61 —

Die »convivialité«

Konvivialität ist wörtlich übersetzt der gebräuchliche Ausdruck für familiäres, vor allem aber freundschaftliches Zusammenleben. Das klingt, als ob es etwas wäre, was man kennt, wenn man in Fürth oder Wolfenbüttel lebt, aber das hieße ein Vollkornbrot mit einem Baguette verwechseln, bloß weil beides Brot heißt. Die »Convivialité« ist eine gesellschaftliche Spezialität, die vermutlich auch innerhalb Frankreichs unterschiedlich geregelt ist, aber überall gilt: sie ist geregelt. Ich gebe Ihnen hier ein paar Anhaltspunkte für die südliche Ausführung einer Sache, die mich anfangs so befremdet hat wie die meisten Ausländer und die mir inzwischen sehr lieb geworden ist. In Deutschland kannte ich engere oder lockere Freundschaften, man hat in der Küche gesessen und geredet oder ist was trinken gegangen, manchmal auch ins Kino oder sonstwohin, und dann gab es noch die offiziellen Anlässe für Zusammenkünfte, Geburtstagsfeste, berufliche Einladungen undsoweiter. Die waren mir eine Pein, weil es dort steif, förmlich und verlegen zuging. Die meisten Deutschen haben ein gebrochenes Verhältnis zur Form und verwechseln sie gern mit Förmlichkeit. Deshalb vielleicht gibt es in Deutschland seit Jahrzehnten eine Diskussion um »Nähe und Distanz«, und deshalb neigen Deutsche dazu, im Ausland Kolonien zu bilden und unförmlich unter sich zu bleiben.

Ich hatte wegen eines schulpflichtigen Kindes keine Chance, der convivialité zu entgehen, die den großen Vorzug hat, daß sich die Nähe-und-Distanz-Debatte auf elegante Weile erübrigt, wenn man das Wort Nähe durch Herzlichkeit ersetzt. Dann paßt das plötzlich gut zusammen.

Es gibt mehrere Initiationsstufen, die ein Jugendlicher hier spielend aufnimmt und die ihm zum unveräußerlichen Kulturgut werden, aber als Ausländer ist einem einiges daran ungewohnt.

Phase 1: der Apéritif

Wir beginnen mit folgendem Szenario: Ihre Nachbarn, die gesehen haben, wie Ihre Möbel ankamen, und denen Sie nun schon mehrfach am Gartenzaun, auf der Post oder am Briefkasten begegnet sind, machen sich Ihnen bekannt. Dann folgt in der Regel die Ankündigung, sich gelegentlich zum Apéritif zu treffen. Nach einer Weile, während der Sie gar nicht gemerkt haben, daß die Nachbarn Sie beschnuppern, weil sie das für unsere Maßstäbe auf unendlich dis-

— 63 —

krete Weise tun, kommt Ihr Nachbar rüber, leiht sich vielleicht irgendwas aus, und es erfolgt die Einladung: Sie gehen zum Apéritif. Andernorts habe ich diese französische Einrichtung schon beschrieben, deshalb nur kurz die wichtigsten Details.

Straßenkleidung. Das ist das, was Sie in Konstanz oder Bad Oeynhausen anziehen, wenn Sie zum Beispiel in ein Möbelhaus gehen, vermutlich gehen Sie dahin nicht in kurzen Hosen und Badeschlappen, auch nicht im Camping-Outfit.

Sie brauchen nichts mitzubringen, können aber, allerdings nur eine Kleinigkeit. Flasche Wein oder so. Topfpflanze womöglich.

Die Sache fängt gegen 16.30 oder 17 Uhr an, bei fortgesetzter Bekanntschaft kann sie sich nach vorne verschieben. Es gibt zu knabbern. Meistens aufwendig, vieles selbstgemacht und auf größeren Platten. Was genau das ist, sollten Sie sich zu Ihrer Orientierung einprägen, weil: mit einem angemessenen Zeitabstand von einigen Wochen sind Sie dran mit der Einladung, und wenn Ihnen nichts Pfiffigeres einfällt, machen Sie es genauso. Wenn Ihnen nichts Pfiffigeres einfällt, kaufen Sie dennoch auf keinen Fall die tiefgekühlten »Apéritifhäppchen«, sie sind ungenießbar.

Jetzt das Entscheidende: Es gibt zu trinken. Das Angebot ist groß und reicht von Pastis über Sherry bzw. Portwein bis zu Whisky und Gin. Natürlich sind Sie nicht gewohnt, um diese Uhrzeit Alkohol zu trinken. Anders als Ihr Gastgeber, haben Sie auch kein dreigängiges Mittagessen als Grundlage in sich. Es sei denn, Sie beherzigen meine Empfehlung, an solchen Tagen mittags kräftig zuzulangen. Orangensaft trinken gilt nämlich nicht. Vielleicht gerade noch so für Hildegard. Es wird aber nicht gern gesehen. Wasser steht zwar auf dem Tisch, ist indessen kein Ersatz für das obligatorische andere. Exzesse müssen Sie allerdings nicht befürchten:

Um 18.30 Uhr ist die Sache beendet, und zwar von Ihrer Seite aus. Sie kündigen rechtzeitig an, daß Sie gehen, lassen sich noch eine Viertelstunde zum Bleiben nötigen und sagen dann, daß Sie einen Anruf erwarten, sich ums Abendessen kümmern müssen oder sonst irgendwas.

Ihre Nachbarn werden sich anderthalb oder zwei Stunden lang unverbindlich und locker mit Ihnen unterhalten, und das sollten Sie auch so machen, die Konversation beim Apéritif ist zum Vergnügen da, nicht um den Status des anderen zu checken oder sein Innerstes zu entdecken, er ist eine liebenswürdige heitere, manchmal ausgesprochen witzige Beschäftigung für den späten Nachmittag. Thematisch kann alles erörtert werden, was mit dem konkreten Leben zu tun hat, nur möglichst nicht Wehwehchen und möglichst auch nicht zu sehr, jedenfalls anfangs: Geld. Kein Problem also.

Einen geglückten Apéritif im Süden erkennt man daran, daß man auf dem Heimweg das Gefühl hat, soeben Freunde fürs Leben gewonnen zu haben. Hat man zwar nicht, aber es ist ein angenehmes Gefühl, solange man nicht vergißt, daß der Apéritif der Form nach alle womöglich heiklen Themen ausspart, Sie also folglich vielleicht erfahren haben, daß es sich lohnt, den Merlot nicht in der örtlichen »Cave Coopérative« zu kaufen, sondern die sechs Kilometer zum Nachbarort zu fahren, nicht aber, was der Nachbar vom Front National hält und wie er zu dem ökologischen Kampf des José Bové gegen die Welthandelsorganisation steht.

Beim Apéritif wird der andere nicht auf Konsens abgetastet. Wenn Sie sich daran halten, kann nichts schiefgehen, und dann wird Sie auch nicht wundern, daß er vollkommen folgenlos bleibt. Ich habe Bekannte in Paris, die von dieser Art der Südfranzosen, der »Gens du Midi«, zur Weißglut gebracht werden, weil sie gewohnt sind, daß gesellschaftliche Kontakte verbindlich sind. Der Apéritif in Südfrankreich ist es nicht. Er ist nichts weiter als eine entspannte oder lässige Geste gegenseitiger Anerkenntnis unter erwachsenen Bürgern. Deshalb die Straßenkleidung. Den Apéritif kann man, wenn man sich etwas besser kennt, auch in einem Bistrot zusammen nehmen, und das geht eine Weile so hin – es wird sich immer noch gesiezt, auch wenn man sich inzwischen mit Vornamen anspricht, mit der Zeit werden die Themen – sehr behutsam – etwas persönlicher: die Reform des Wahlrechts, die Entscheidung des Bürgermeisters, Gelder für irgendein Festival zu kürzen, die miserable Berufsberatung für Jugendliche, die Kinder.

Im Süden gibt es übrigens kaum Singles, es wird jung geheiratet und Kinder gekriegt, die Scheidungsrate ist hoch, aber alsbald nach der Trennung werden wieder Paare gebildet, und weitere Kinder entstehen, anfangs kam es mir etwas vor wie »Bäumchen wechsle dich«.

Ungefähr jetzt sind Sie fällig für die »Bisous«, die auch »Bises« heißen können und die bekannten französischen Begrüßungsküsse sind. Sie kennen sie von überkandidelten Frankophilen in Deutschland, die ihre Frankreichneigung auf diese alberne Art demonstrieren. Hier hingegen sind sie unerläßlich. In Paris gibt man sich zwei. In Lyon vier. Hier drei. Ich bin kein Fan davon, aber man gewöhnt sich dran. Meiner Erfahrung nach fängt man am besten links an.

Phase 2: Das Dîner au Resto

Schließlich, in dieser Phase einer jungen Bekanntschaft, erfolgt der Vorschlag, doch einmal gemeinsam essen zu gehen. Das kann mittags ein Déjeuner sein (ich habe mich an diese Sitte nicht gewöhnt und vermeide zumindest an Wochentagen Déjeuners, weil ich anschließend nicht mehr arbeiten kann) oder abends ein Dîner. Niemals geht man spontan miteinander ins Restaurant, selbst sehr gute Freunde tun das kaum, sogar Jugendliche verabreden sich dazu,

— 67 —

irgendwo mittags ein Sandwich oder Pizza zu essen, und beim Restaurantbesuch gelten auch im Süden die gesamtfranzösischen Regeln, die ich nur deshalb kurz zusammenfasse, weil es das Leben hier erleichtert, wenn man sie beachtet:

Es wird rechtzeitig reserviert.

Sodann die obige Straßenkleidung. Jackett macht sich nicht schlecht, muß aber nicht.

Es wird ein Apéritif vor dem Essen getrunken. Bei Verweigerung erhält Hildegard Pardon. Sie nicht.

Anschließend wird ein mindestens dreigängiges Menü bestellt. Dazu eine Flasche Wein. Offenen Wein können Sie trinken, wenn Sie mit Hildegard allein ins »Resto« gehen. Da können Sie ihn sogar weglassen, Leitungswasser trinken und den befremdeten Blick des Kellners schlicht nicht zur Kenntnis nehmen, der Ihnen sagen möchte, daß es ihn erschüttert, wie in manchen Ländern derart am Leben gegeizt wird, daß sie sich dort nicht einmal einen Wein genehmigen.

Die Speisekarte darf kommentiert werden, fremdartige Gerichte, bei deren Lektüre sich Ihnen möglicherweise der Magen umdreht, werden mit souveränem Gleichmut übergangen bzw. nicht kommentiert. Allenfalls dürfen Sie sagen, was ich vor kurzem eine Dame aus Toulouse am Nachbartisch sagen gehört habe: »Rohe Muscheln kann ich nicht so gut schlukken.« Oder etwas ähnliches. Aber nicht dabei das Gesicht verziehen!

Die Gespräche beim Essen sind einfacher als die beim Apéritif, weil Sie Karine und Yannick inzwischen schon etwas kennen und weil in ganz Frankreich beim Essen unter anderem ausgiebig übers Essen gesprochen wird, wie Sie wissen. Indes: Inzwischen sind Sie so weit, daß Sie bezüglich einer FN-Mitgliedschaft Ihrer Nachbarn keine Befürchtungen mehr haben müssen und den Kampf des José Bové gegen McDonald's und die Welthandelsorganisation besprechen können. Auch daß der Bürgermeister Ihres Ortes unter irgendeinem dämlichen Vorwand das jährliche Fest der maghrebinischen Mitbürger auf dem Marktplatz verboten hat, ist inzwischen Thema bzw. kein Thema, denn inzwischen haben sich Karine und Yannick beiläufig davon überzeugt, daß Sie keine Rassisten sind. Sonst wären sie nicht mit Ihnen im Restaurant.

Was Sie nicht tun sollten: vertraulich oder leutselig werden, oder sich mit Hildegard in die Haare geraten, egal, ob spitz oder laut oder bloß unwirsch, aber das sollten Sie sowieso nirgendwo. Also: nicht ärgerlich sein, wenn sie wieder mit der Gabel auf Ihrem Teller herumfuhrwerkt, und sie wiederum sollte sich zurückhalten und meinetwegen stillschweigend die Gläser zählen, die Sie trinken, Bemerkungen darüber sind unüblich. Im Zweifel machen Sie vorher aus, wer anschließend fährt und geben es ganz nebenbei zu Anfang des Essens bekannt, dann sind Sie auf der sicheren Seite, und es ist auch egal, ob Sie es sind oder Hildegard, wer sich infolgedessen zurücknimmt. Karine und Yannick werden es ähnlich halten, aber nicht so genau nehmen, wie sie sollten, weshalb die Straßenkontrollen zugenommen haben.

Und noch eine Kleinigkeit: Das Betreten verminten Beziehungsgeländes in der Öffentlichkeit bzw. die zwangsläufig sich ergebende laute Detonation sind überhaupt strikt zu unterlassen, wenn Sie nicht auf Biegen und Brechen Ihre Staatsangehörigkeit preisgeben wollen, und zwar nicht nur im Restaurant.

Zu den Dingen, die mich inzwischen irritieren, wenn ich in Deutschland essen gehe, gehören die häufigen Intimitäten auf dem Tisch, Kommentare oder Klagen über irgendwelche Eigenschaften oder Angewohnheiten des anwesenden Partners, Beziehungsdiskussionen, gegenseitiges Angiften sowie heftige Kräche vor den Ohren anderer Leute undsoweiter, und ich genieße hier im Süden, daß die Leute sich und mir das (nicht nur in feinen Restaurants) ersparen.

Anders als in Deutschland ist der Aufenthalt im Restaurant nach dem Essen (Café ist üblich, aber nicht obligat) beendet. Anders als in Paris, kann er im Süden dennoch Stunden und Stunden dauern, weil hier nicht auf die Uhr geschaut wird, Zeit ist bekanntlich im Süden ein anderer Stoff als im Rest der Welt, und auf diesen Umstand ist man im Süden von Frankreich stolz, nicht ohne eine kleine gehässige Schadenfreude in Richtung auf die Pariser, die immer *stressé* und *pressé* sind und denen auch in den Ferien alles nicht schnell genug gehen kann. Sagt man hier.

Die Rechnung wird grundsätzlich nicht geteilt. Auch wenn Sie *à deux* essen gehen und mit Hildegard getrennte Kasse haben: hinterher können Sie das bis auf die dritte Stelle hinter dem Komma nach Herzenslust auseinanderfummeln, aber niemals im Restaurant. Wegen Ihrer Staatsangehörigkeit, die keinen etwas angeht.

Französische Kinder sind restaurantfest, folglich sind französische Restaurants kinderfreundlich. Sollten Sie Kinder haben, überprüfen Sie deren Restauranttauglichkeit, und sehen Sie im Zweifel davon ab, sie zum Dîner mit Karine und Yannick mitzunehmen, bis sie soweit sind, zwei, drei Stunden am Tisch sitzend durchzuhalten und die Pommes Frites des Kindermenüs nicht in der Limonade zu versenken.

Dies alles klingt furchtbar insistent, weil ich auf dem Gebiet schon viele Unfälle erlebt habe. Und natürlich müssen Sie all das nicht befolgen.

Sie können dann, wenn Sie eine längere Zeit hier verbringen und dabei nicht einsam sein mögen, in die deutsche Kolonie, die keine südfranzösische Spezialität ist, sondern eine deutsche, die sich weltweit reproduziert. In der hiesigen Ausgabe davon wird unglaublich über die Zustände gemeckert, es werden Petitionen an Bürgermeister geschickt, und sich darüber empört, daß die Genehmigung eines Steinbruchs in fünfzehn Kilometer Entfernung, durch den immerhin für ein paar Jahre fünfzig Arbeitsplätze geschaffen werden, den Wert ihrer Häuser mindern könnte und eine Umweltverschandelung sei. Da werden Erfahrungen mit den Aldi-Filialen in Orange oder St. Gilles ausgetauscht, die eine ganze Reihe ungewohnter Lebensmittel verkaufen, weil sie vorwiegend von Menschen islamischen Glaubens und entsprechender Eßgewohnheiten besucht werden. Da werden die soliden Qualifikationen deutscher Handwerker schaudernd mit denen französischer Handwerker verglichen, da wird in Erinnerungen an Kneipen in Düsseldorf und Berlin geschwelgt, die es – das muß klipp und klar gesagt werden – hier nicht gibt und nicht geben wird, ebensowenig wie deutsches Bier; da wird über Autodiebstahl und Wechselgeldbetrug gestöhnt, kurz: da geht es wie in allen Kolonien so paranoid zu, wie es eben immer dort zugeht, wo Leute es nicht vertragen, wenn es irgendwo nicht so ist wie zu Hause, und ich habe eine Menge Südfrankreichträumer erlebt, die mit Provence-Idyllen im Kopf hier ankamen (Lavendel, Pinien, Rotweinballon, Boule undsoweiter) und schließlich daran gescheitert sind, daß sie den Kultursprung von vornherein nicht gewollt oder einfach nicht gewagt haben, und schließlich sind sie enttäuscht vom Süden in ihre Stammkneipen zurückgegangen, statt mit Karine und Yannick Picknick zu machen, nachdem eines Tages Karine plötzlich Hildegard geduzt und somit die nächste Phase der *convivialité* eröffnet hatte.

Phase 3: Das Pique-nique

Inzwischen ist zum Glück der Winter vorbei, selbst in Deutschland ist er jetzt vorbei.

Im Frühling sind Sie vermutlich für drei Wochen wieder hier runtergefahren, haben den Zweitfernseher hergebracht, eine Astra-Satellitenschüssel aufs Dach oder den Balkon montieren lassen und sonst noch ein paar Sachen erledigt, organisatorisch ist so eine Teilzeitanwesenheit zu machen; anstrengend, aber irgendwie klappt es; im März hatte es – aber da waren Sie noch im naßkalten Norden – noch einmal einen gemeinen Kälteeinbruch gegeben, drei Wochen scharfer Mistral, Anfang April sogar Frost, was ein gefürchtetes Problem in Südfrankreich ist, weil es einen Teil der Obstblüte weghaut, und Obstanbau ist – neben dem Wein – ein Pfeiler der hiesigen Landwirtschaft. Das haben Ihnen Karine und Yannick beim Gegenapéritif erzählt. Bei der Gelegenheit hat Yannick Sie auch darauf hingewiesen, daß er die Satellitenschüssel auf dem Dach oder dem Balkon etwas stabiler befestigen würde: der Mistral. Oder der Tramontane. Sie sollten Yannick vertrauen.

Zum traditionellen Osterstierkampf in Arles sind nur die hartgesottensten Fans gegangen, bei der Kälte waren die Arenen gerade mal halb voll, aber vielleicht ist im nächsten Frühling das Wetter besser, dann können Sie sich das anschauen, vielleicht zunächst einmal nicht in Arles, sondern in einer kleineren Arena, sogar

— 73 —

Hildegard dürfte nichts dagegen haben, denn die südfranzösischen Stierkampfregeln gestatten kein Blutvergießen, üblich ist ansonsten die eher vergnügliche »Course Camargaise«, von der später die Rede sein wird. Vorerst haben Sie sowieso abwechselnd mit Ihrem Häuschen zu tun, das eingerichtet werden will, und mit dem Frühling, der bestaunt werden will. Und genossen.

Von jetzt an können Sie damit rechnen, daß es demnächst irgendwann zu einem Pique-nique (sprich: Piekniek) kommt. Ich kann mich erinnern, daß Picknicks eine Zeitlang in Deutschland Mode waren, alle Illustrierten waren voll damit, und alle Leute kauften sich die entsprechenden dekorativen geflochtenen Weiden-Körbe mit dem kompletten Besteck und Geschirr plus Korkenzieher darin; es war entschieden eine englische Mode, weil dazu karierte Knickerbokker gehörten, und kein Mensch hat meines Wissens je dieses britische Landhausidyll in märkischem Sand oder im Schwarzwald zelebriert, weil das einfach zu albern gewesen wäre. Sollten Sie im Besitz eines solchen Korbes sein, lassen Sie ihn jedenfalls zu Hause, wenn Sie mit Karine und Yannick irgendwo einen Tag »au bord de l'eau« verbringen, einen Ferientag am Wasser.

Der Ursprung des südfranzösischen Pique-nique liegt bestimmt irgendwo bei den »Cabanes« oder »Cabanons«. Das waren ärmliche Hütten am Meer, spartanisch ausgestattet, irgendwie aus diversen Materialien zusammengeklopfte und sehr provisorische Behausungen in der Umgebung von Marseille und Arles. Proletarische Urlaubsziele für die Großfamilie, die der städtischen Sommerhitze für einen Tag oder etwas länger entkommen wollte.

Proletarisch geht es auch heute noch zu, nur die Cabanes sind längst dem allgemeinen mediterranen Strandwahn gewichen, weshalb Ihr Picknick in den Sommermonaten eher an einem der vielen Flüsse und Flüßchen stattfinden wird, am Canal du Midi, an der Cèze oder am Verdon. Egal, Karine und Yannick werden jedenfalls wissen, wo die richtige Stelle ist, und Sie können an die Vorbereitung des Ereignisses gehen. Zuerst sollten Sie eine Anschaffung tätigen: In irgendeinem Supermarkt eine von diesen riesigen knallblauen oder gelben Plastikkühltaschen kaufen, die Sie schon immer verabscheut haben, weil sie der Inbegriff von banal sind. Aber da hilft nichts. Plastikkühltasche muß sein. Desweiteren sollten Sie sich um gefrorenes Wasser kümmern. Drei oder vier Anderthalbliter-Plastikflaschen zu drei Vierteln mit Leitungswasser füllen und über Nacht möglichst schräg in den Gefrierschrank oder ins Eisfach tun. Am nächsten Tag mit Wasser auffüllen, und Sie haben zu trinken bis in die Nacht. Die Nachtischfrage überlassen Sie möglichst Karine oder kaufen unter dem Namen »Pain d'épice« einen Honigkuchen. Dann bereiten Sie zwei Salate, etwa die Rouille mit Thunfisch und ein so simples wie erfrischendes Taboulé. Letzteres können Sie auch an jeder Ecke kaufen, aber das werden Ihre Freunde herausschmecken und als unsportlich registrieren. Für vier Personen brauchen Sie

250 gr von etwas, wo Boulghour draufsteht und Weizengrieß drin ist
6 EL Olivenöl
3 Zitronen
ein paar Tomaten
Zwiebeln – entweder ein Bund »Cebettes« oder zwei »Oignon doux«
Petersilie und Minze – Minze kann man kaufen, aber langfristig lohnt die Investition von ca. 1,50 Euro in eine Pflanze, die sich nach anfänglicher Begießung rasch selbständig macht und vermehrt, und zwar so vermehrt, daß man sie von anderen Pflanzen besser etwas absondert.

Den Boulghour in eine Salatschüssel. Sie sollte aus Plastik sein, sonst wird Ihre Kühltasche morgen ziemlich schwer. Sachte in die Schüssel nun kochendes Wasser schütten, zwei Deziliter etwa. Ziehen lassen. Inzwischen schneiden Sie die Zwiebeln klein, würfeln die Tomaten, hacken die Kräuter, und wenn dann Ihr Grieß weich ist, können sie alles miteinander vermischen. Zuletzt Öl, Salz und Pfeffer daran und die Zitronen reinpressen.

Damit können Sie sich schon sehr gut sehen lassen. Das übliche Pappgeschirr, ein paar Servietten, große Badehandtücher, auf dem Weg ein »gros pain« besorgt, und das wäre es für Sie. Erschrecken Sie nicht, wenn Yannick anderntags aus dem Kofferraum seines Wagens eventuell Plastik-Klappmobiliar rauszieht und Karine mit einer Dreiliter-Kaffee-Thermoskanne ankommt. Den Wein dürfen Sie übrigens diesmal ablehnen, sogar wenn Sie an einen Sonnenschirm gedacht haben.

Die Wasserstelle ist leicht zu finden. Da, wo es nach Feuer riecht. Da, wo sehr häufig ein Schild steht: Feuer machen verboten. Aber Sie gewöhnen sich allmählich daran, daß im Süden solche amtlichen Eingriffe in die individuelle Freiheit des Bürgers nicht gern gesehen sind. Also betrachtet man das Schild als einen Vorschlag. Mit dem Grillgut in der Plastikkühltasche sieht man sich nicht in der Lage, ihn anzunehmen. Das kann gutgehen, wenn Profis das Feuer anmachen, deren Großeltern schon in die hiesigen Wind- und Wetterverhältnisse hineingeboren wurden. Alle anderen sollten von Mai bis Oktober die Finger vom Streichholz lassen (siehe: das Kapitel über Feuer), es sei denn, sie wollten schon immer mal in die Tagesschau.

Während des Picknicks können Sie, ethnologisch gesehen, ein paar interessante Beobachtungen machen. Holländische Besucher der Gegend verfügen über ein phantastisches Stillsitzvermögen sowie kleine

— 77 —

Klappstühle mit bodennaher Sitzfläche und über eine eigenartig gleichmäßige braune Hautfarbe, die einen ins Philosophieren bringen kann, weil man in solchen kleinen Stühlen eigentlich nur von vorn braun werden kann. Sie essen Äpfel. Engländer ziehen nicht gerne die Strümpfe aus. Deutsche lesen gern deutsche Zeitschriften, wenn sie nicht gerade ihre mit orangefarbenen Schwimmflügeln ausgestatteten Kinder didaktisch korrekt am Ertrinken hindern oder einen Streit um mitgeführte Spielwaren schlichten. Häufig haben sie sich komplette Sportwarenabteilungen von zu Hause mitgebracht, die Bedienungsanleitung jedoch vergessen, so daß der Eindruck berechtigt ist: Freizeit ist Schwerarbeit und beeinträchtigt die Stimmung enorm, weil die Angelschnüre sich pausenlos verheddern, das Kajak umkippt, die Bergsteigermontur kneift, jemand daran schuld sein muß undsoweiter.

Yannick und Karine werden mit Ihnen das übliche dreigängige Picknick-Menü mit der gebotenen Sorgfalt im Detail zelebrieren, und sodann machen Sie Bekanntschaft mit einer wahrhaft großartigen Eigenschaft der Südfranzosen: Sie sind verspielt. Sie sind unglaublich verspielt, und die Mischung aus Ernsthaftigkeit bei ernsthaften Dingen (Plastikkühltaschen! Gefrorenes Leitungswasser!) und Verspieltheit in den Angelegenheiten des Lebens, für die man in anderen Nationen die Socken partout nicht ausziehen mag oder zuvor komplette Sportwarenabteilungen erwerben muß, ist etwas, woran sie sich überall auf der Welt erkennen, am Flughafen JFK, in einer Massenhotelanlage in Spanien, am Surfstrand in Biarritz oder auf der Straße in Nabeul. Zum Beispiel in der Massenhotelanlage in Spanien: Essen erbärmlich schlecht, Fleisch zäh, infolgedessen schon kindliche Tränenausbrüche hier und da an den Tischen, strenge elterliche Ermahnungen, gespannte Atmosphäre, und dazwischen hält einer seine Gabel mit dem ledernen Steak in die Luft und sagt fröhlich: »El torro espagnol.« Der das sagt und die, die dann entzückt in Lachen ausbrechen, das sind welche von hier.

Das südfranzösische Lachen, der Sprachwitz, die Selbstgenügsamkeit, mit der sich die Leute hier amüsieren, passen genau zur Qualität des Lichts und dem Charme der Landschaft. Sie sind klar, ungetrübt und sehr dicht dran am Leben. Das kann möglicherweise für Sie heißen, daß Sie in die schlichten Regeln dessen eingeweiht werden, was Ihnen bislang als »Boule« bekannt gewesen sein dürfte, in Wirklichkeit heißt es aber »Pétanque«, es kann auch heißen, daß Yannick Sie mit einer Lieblingsbeschäftigung südfranzösischer Männer bekannt macht, einer Variante des Nichtstuns, bei der man einen Stock in der Hand hält, an dem eine völlig funktionslose Schnur ins Wasser runterhängt, auf die kein Fisch der Welt je reinfällt, aber es gibt nichts Schöneres als die sachverständigen Diskussionen ums Angeln. Ums Jagen übrigens auch, machen Sie sich darauf gefaßt. Es kann ausgelassene Balgereien, Wasserschlachten, Tunkereien oder sonstwas Übermütiges geben, und Sie werden staunen, aus wie wenig die Bewohner des Midi wieviel Lebensfreude zu holen imstande sind. Lassen Sie sich ruhig davon anstecken.

Ihre Kinder übrigens lernen das Schwimmen ganz ohne Schwimmflügelchen und elterliche Anweisungen, sie spielen einfach versunken so vor sich hin, ohne Schippe, Eimer oder Plastikautos und insbesondere ohne Didaktik, einfach unter dem aufmerksamen Blick der Erwachsenen, die sich ansonsten raushalten, was das Zusammenleben der unterschiedlichen Generationen entschieden fördert und sehr erleichtert.

Eines Tages werden Sie schließlich eine Einladung zum Abendessen erhalten. Üblich ist, daß Sie sich ums Dessert kümmern. Sie sollten es jedenfalls vorschlagen.

Es wird cin mehrgängiges Menü geben, das Sie zunächst einschüchtert, bis Sie merken: Alles ist sehr unkompliziert. Deshalb brauchen Sie dafür keine gesonderte Gebrauchsanweisung, sondern nur den Hinweis darauf, daß die Sache unter Umständen sehr lange dauern kann. Kinder sind grundsätzlich da und dabei, gehören dazu, freuen sich wie verrückt über Besuch, können hier sehr lange aufbleiben, und wenn sie dann müde sind, fallen sie einfach um, ins Bett der Gastgeber oder einfach irgendwohin, wo rasch eine Decke ausgebreitet wird.

Es ist keine Seltenheit, daß man nachts noch so lange mit Leuten draußen sitzt, bis es allmählich im Osten hell wird, und sollten Sie je auf ein südfranzösisches Fest eingeladen sein: Dort wird nach der »Bouffe«, die wirklich ein gewaltiges Essen sein kann, bis morgens getanzt. Bon courage.

Derrick oder: Wo liegt eigentlich der Rest der Welt?

Ob auf der Post, beim Arzt, im Hühnerladen – man wird vermutlich an Ihrem Akzent erkennen, daß Sie Ausländer sind. Man wird Sie jedenfalls danach fragen, wo Sie herkommen. Sie werden es sagen. Sie werden womöglich feststellen, daß Heidelberg international eine ausgesprochen bekannte Stadt ist, aber das kennen Sie schon von den Amerikanern.

Was Sie vermutlich nicht kennen, ist die folgende Standard-Konversation. Sie sagen also, daß Heidelberg knappe 500 Kilometer von Ihrem norddeutschen Wohnort entfernt liegt. Es folgt ein kleiner Moment betretenen Schweigens, währenddessen Ihr Gesprächspartner versucht, sich vage an die geographische Lage und die Umrisse des Nachbarstaats zu erinnern, erfolglos, aber dann kommt ein sonniger Gesichtsausdruck über ihn oder sie, eine Art nationale Orientierung stellt sich ein, und Sie hören den Satz: »Ich habe Derrick gesehen. Kennen Sie Derrick?« Dies könnte der Auftakt zu einer interessanten Unterhaltung werden, vorausgesetzt, Sie haben Derrick auch gesehen. Ist es aber nicht. Sobald Sie zugeben,

Derrick gesehen oder nicht gesehen zu haben, was völlig gleichgültig ist, kommt schon der finale Kommentar: »Wenn das da so oft regnet, muß ich da gar nicht hin.« Hiermit erlischt das Thema Ihrer Herkunft endgültig, und Sie sollten sich dem Wesentlichen zuwenden, dem Hier. Sie können sich darauf verlassen, daß der Südfranzose nun alles gesagt hat, was er von Ihrer Heimat weiß und zu wissen wünscht, und selbst fortgesetzte Bekanntschaft oder gar tiefe Freundschaft mit Ihnen wird ihn nie wieder dazu bringen, etwas über Ihr früheres oder anderes oder hauptsächliches Leben »là-bas«, dort oben, erfahren zu wollen. Fürbaß entgeistert sind etliche langjährige Bekannte zum Beispiel, wenn sie plötzlich hören, daß »là-bas« Kinder nur halbtags zur Schule gehen; und daß es vor einigen Jahren durch Berlin eine Mauer gegeben haben soll, ist ihnen unangenehm und peinlich, aber zum Glück ist das ja Schnee von gestern und irgendwie längst verheilt. Die Ignoranz gegenüber anderen Staatsformen, Lebensweisen, Gebräuchen ist beträchtlich, und jedes Jahr wieder amüsiere ich mich, wenn die deutsche Partnerstadt eine Delegation mittelalter Damen hierher entsendet, die auf dem zweitägigen Weihnachtsmarkt etwas zum Kauf anbietet, was immer wieder zu Kopfschütteln, Nachfragen, Irritation Anlaß gibt, nicht aber verkauft respektive verzehrt wird: Schmalzbrote. Sehr in Verlegenheit habe ich einmal eine ganze Familie gebracht, als ich den Kindern Kartoffelpuffer machte. Mit Apfelmus. Vor einigen Jahren habe ich einmal ein Ehepaar aus Nizza erbleichen sehen: Die beiden saßen in Stuttgart in einem Restaurant und konnten die Speisekarte nicht lesen, ich übersetzte ihnen die regionale Spezialität ins Französische, und sehr gedehnt kam die Rückfrage: »Pâtes? Et lentilles? Et quoi?« Nudeln (was Spätzle ja im weiteren Sinne sind)? Linsen? Und was?

Hingegen – jede Kultur hat bekanntlich ihre ans Irre grenzenden Fehlvorstellungen von der Welt außer ihr – wissen die Leute hier sehr genau, was den ausländischen Reisenden oder Nachbarn oder Kunden charakterisiert, und es ist besser, Sie wissen es auch. Aus vermutlich historischen Gründen ist es angenehmer für Sie, wenn Sie nicht Engländer sind, das sind nämlich die Schlimmsten. Sie sind querulantisch, störrisch, bringen alles durcheinander und uns das BSE. Basta. Die Deutschen sind wenigstens ordentlich. Viel ordentlicher als die Leute hier im Süden. Dafür sind sie zum Schreien geizig, sitzen auf ihren Geldsäcken und zittern vor Angst, es könnte Ihnen da jemand dranwollen. Aber sehr ordentlich und sehr sauber. Immerhin. Der deutsche Akzent übrigens, für den sich mancher in Grund und Boden schämt, gilt hier als niedlich, Sie brauchen sich also nichts draus zu machen. Was Ihren hier vorausgesetzten Geiz und das dazugehörige Mißtrauen betrifft: so können Sie sich darauf verlassen, daß grundsätzliche maßvolle Generosität sowie der Verzicht auf das Nachrechnen des elektronisch erstellten Kassenbons im Supermarkt

Ihnen das Leben unerhört erleichtern dürften, ich würde sagen, das sind wesentliche Bedingungen für eine glückliche Assimilation, wobei Assimilation von Ihnen eigentlich weder gefordert noch erwartet wird: Der notorische französische Individualismus hat den großen Vorteil, daß keiner einem ins Leben hineinredet oder dem anderen in die Töpfe guckt. Ich bin nie dahintergekommen, ob ich das für ein Zeichen von Eleganz und Stil oder einfachen Chauvinismus halten soll.

Generosität jedenfalls kennzeichnet den Süden, wobei das Maßvolle daran mindestens genauso entscheidend ist wie die Großzügigkeit selbst: Die meisten Departements hier sind bei all ihrer Pracht und Schönheit traditionell arme Gegenden, die mit materiellen Unbilden zu kämpfen hatten: Das Wasser war knapp, die Wege durch die Berge waren weit, das Wetter vernichtet die Ernten immer wieder: In diesem Winter hat derselbe Frost, der die Trüffel verdorben hat, 70 Prozent der Olivenernte erfrieren lassen, hier ist das 19. Jahrhundert noch nicht so lange vorbei wie in Frankfurt am Main, und Sie werden niemals spüren, daß Karine die Crevetten zählt, die sie auf Ihren Teller legt, aber sie hat sie gezählt und schon überlegt, wie sie eventuelle Reste morgen verwertet, weil nichts weggeworfen wird. Wenn es dann keine Reste gibt: um so besser, dann hat es Ihnen geschmeckt, Sie haben sich »régaliert«, und daran hat sie Freude.

Für Sie jedenfalls ist wichtig zu wissen, daß man im französischen Mittelmeerbereich fest zur römischen Kultur gehört, derzufolge alles, was nördlich der Alpen liegt, Barbarei ist, aber da Sie ja jetzt hier sind, konzediert man Ihnen grundsätzliche Kulturfähigkeit, sofern Sie die Schmalzstullen und Kartoffelpuffer nicht gerade dann zu sich nehmen, wenn Sie Besuch haben.

Für den Besuchsfall gibt es eine phantastische Lösung, die den Vorteil hat, zugleich üppig und dabei nicht angeberisch zu sein. Im Sommer heißt sie

Anchoïade

Sie ist ideal, weil sie alles vereint, was hier geschätzt wird. Sie sieht zunächst einmal bildschön aus, enthält praktisch alles, was in der Region wächst und gedeiht, man kann viele Stunden unkompliziert daran essen und ist völlig entspannt, weil man sie fix und fertig auf den Tisch zaubert. Gesund ist sie außerdem. Das Dessert besorgt, wie Sie wissen, Karine.

Sie brauchen nichts weiter zu machen, als Gemüse zu putzen und ein paar Eier und Pellkartoffeln sowie eine sehr simple Soße zu kochen, die überwältigend schmeckt.

Die Gemüse werden in einer großen Schüssel oder einem Korb oder sonstwie malerisch deponiert und dann auf den Tisch gebracht, und zwar:

Ein paar Tomaten, die rot, aber noch fest sein sollten
eine Fenchelknolle
ein Bund Frühlingszwiebeln »Cebettes«
2 kleine, feste Salatköpfe
ein paar makellose Champignons
1 kleinen Blumenkohl
1 rote Paprika
1 grüne
1 Gurke
1 oder 2 Chicorées
1 Bund Radieschen (das Grün dranlassen, es sieht hübsch aus)
ein paar Artischocken: die ganz kleinen, ganz jungen kann man roh essen, sie werden geviertelt und mit Zitronensaft beträufelt
ein paar Mohrrüben

Kurz: Alles, was so wächst, wird in handliche Stücke geschnitten und irgendwie dekorativ zurechtgelegt. Die geviertelten Eier obendrauf.

Dann kommt die eigentliche Anchoïade. Die besteht, wie Sie ganz richtig vermuten, aus Anchovis, nämlich 150 Gramm. Ich nehme in Öl eingelegte, die anderen tun's auch, und die dazugehorigen Glaubensdispute schenken wir uns diesmal. Anchovis haben den schönen Vorzug, daß sie schmelzen, wenn man sie warm macht, und die unangenehmen Grätchen schmelzen dabei gleich mit. Sie lassen sie also in etwa

2 oder 3 EL dunklem Essig, ich nehme Xeres, sachte sich auflösen, im Zweifel helfen Sie nach und mixen die Sache durch. Dahinein kommen dann

3 zerquetschte Knoblauchzehen (mindestens)

je 1 Bund gehackte Petersilie und Basilikum (fakultativ)

und dann wird unter Rühren mit reichlich (knapp einem halben Liter) Olivenöl aufgefüllt und die Soße langsam erwärmt. Zwischendurch kosten, dann wissen Sie, wann das Öl reicht: wenn das Gemisch cremig ist und der Salzgehalt stimmt.

Jeder nimmt sich am Tisch irgendwelche Gemüse auf den Teller, und entweder gießt man sich Soße drauf oder stippt das Gemüse rein, und es ist genau das, was man unter *convivialité* versteht, stundenlang so um die Rohkost herumzusitzen, die auf die Art ungewöhnlich veredelt wird. Dazu wie immer beim Essen mit Franzosen: Brot. Dazu den Merlot, über den Sie schon bei Ihrem ersten Apéritif mit Karine und Yannick gesprochen hatten: den aus der »Cave Coopérative« im Nachbarort, weil der dort wirklich besonders gut ist, fruchtig und nicht zu schwer.

Hinterher nie (!) den Kaffee vergessen: kleiner schwarzer Espresso. Wegen dem Barbareiverdacht, den Sie auf die Art ausgeräumt haben dürften.

Anarchie oder: Die Zentrale ist weit

Inzwischen sind Ihnen die Leute Ihrer südfranzösischen Umgebung schon ganz vertraut geworden, es gäbe das eine oder andere an Ihrem Häuschen in Ordnung zu bringen, die verwirrten elektrischen Leitungen haben einen Schmorfleck an der Wand hinterlassen, zwei der vier Steckdosen im Salon sind tot, aber alles in allem hat das Zeit bis zum Herbst, zu Handwerkern kommen wir später.

Jetzt geht es erst einmal um ein dunkles Kapitel, das Sie kennenlernen, sobald Sie auch nur irgendein Verhältnis zur hiesigen Bürokratie eröffnen.

Dazu vielleicht erst einmal ein historischer Diskurs. Die Geschichte Südfrankreichs ist reich. Da ist Keltisches drin, Ligurisches, später dann wesentlich Römisches. Das Römische insbesondere, mit der *pax romana* als Befriedung, ist der *provincia* wirtschaftlich gut bekommen, den Römern auch. Aus Massalia wurde später Marseille, aus Avennio Avignon, aus Carpentoracte Carpentras, aus Aquae Sextiae wurde Aix-en-Provence, und Arles wurde als Arelate gegründet; die römische Architektur steht überall noch herum, die Arenen, die geniale Wasserleitung über den Pont du Gard nach Nîmes, Thermen, Tempel undsoweiter, manchmal ist das lästig, wenn zum Beispiel irgendwo eine Tiefgarage gebaut werden soll, und dann verzögern sich die Arbeiten, weil man römische Haushaltsgegenstände findet, die natürlich archäologisch von Interesse sind, von Spezialisten in monatelanger Geduldsarbeit ausgebuddelt werden müssen und schließlich ins Museum gelangen.

Die römische Zeit brachte also eine ungewöhnliche Prosperität, danach kam die Christianisierung mit schließlich den bekannten Querelen zwischen Rom und Avignon, Päpsten und Antipäpsten, Hungersnöten, der Pest von 1348, wechselnden Herzögen bis 1481, als die Provence testamentarisch an Louis XI. vermacht wurde. Die »Französisierung« des Languedoc-Roussillon im ausgehenden Mittelalter verlief politisch wie kulturell unerfreulich, die Herren, die aus dem Norden hierherkamen, aus dem Langue d'oïl (»oïl« ist die alte französische Form des »oui«), waren in jeder Hinsicht den »Oc«-Sagern im Süden suspekt: Sie waren ausbeuterisch, kriegslüstern, unkultiviert und außerdem schlechte Liebhaber, was man im Land der schönsten europäischen Liebesdichtung mit Verachtung quittierte, und außerdem setzten sie ihre Sprache durch, damit sie hier besser herrschen konnten. Das heißt, sie versuchten ihre Sprache und die Herrschaft durchzusetzen, aber beides ließ man sich nicht so gern aufdrücken, und das gute Obst, den Wein, das Salz, die

Oliven, das Öl undsoweiter ließ man sich nicht so gern wegnehmen. Klar. Klare kulturelle Überlegenheit gegenüber den Besatzern ist bis heute das Grundgefühl einer Bevölkerung, die seither immer wieder durch aufständische Neigungen, Rebellentum, Dagegensein aufgefallen ist.

Ich überspringe die sehr landestypische Geschichte der Religionskriege und gelegentliche Bauernaufstände, die bis weit ins 20. Jahrhundert hineinreichen, weil ich weiß, daß Sie einfach bloß Ihr Auto um- oder Ihr Haus anmelden wollen, damit Sie keine bürokratischen Scherereien kriegen, aber dafür brauchten Sie wenigstens eine kurze Skizze der Lage zwischen hier und Paris. Die ist so schief, wie sie nur sein könnte. Und weil »Paris« hier natürlich Filialen hat, werden Sie diese schiefe Lage auf jedem Amt zu spüren bekommen, weshalb die Bewohner dieser Region Ämter möglichst zu vermeiden suchen und auch ansonsten die Fremdherrschaft im großen und ganzen heldenhaft ignorieren. Das klingt nicht besonders aufregend, hat aber Auswirkungen, die ständig irgendwo zwischen lustig und dramatisch oszillieren. Zum Beispiel: zahlen in dem Departement, in dem ich lebe, gerade mal 30 Prozent der Leute Steuern. Im Gegenzug dazu denkt man, wenn es um die Planung irgendwelcher Atomeinrichtungen geht, sehr gern an die relativ dünn besiedelte Gegend hier, die Rhône ist damit zwar längst schon zugebaut, aber irgendwelche Endlager könnte man immer noch unterbringen bei den aufsässigen Bewohnern der südlichen Provinzen.

Sie sehen, das klingt doch sehr giftig und ist es auch, so daß Sie wissen sollten, worauf Sie sich einlassen, wenn Sie mit »Fonctionnaires«, mit Beamten, in Kontakt kommen, die hier noch weit weniger beliebt sind als sonstwo. Das mindert ihre Kooperationsbereitschaft beträchtlich, so etwa gegen Null. In Verbindung mit der Tatsache, daß Sie aus einem unbekannten Nachbarstaat kommen, dessen Gesetze keinesfalls mit den hiesigen kompatibel sind, kann dies zu unglaublich zähen Verhandlungen führen, zum Verhandlungsabbruch, Wiederaufnahme der Verhandlungen mit verändertem Personal, Komplikationen bei der Beschaffung irgendwelcher irrsinniger Attestationen, von denen Ihre deutsche Behörde, bei der Sie die beschaffen sollen, noch niemals was gehört hat, kurz: Tun Sie es nur, wenn Sie unbedingt müssen.

Lassen Sie Ihr Auto in Deutschland angemeldet, solange es geht, oder kaufen Sie sich hier eines, und bitten Sie den Autohändler oder Verkäufer, es durch die gefürchteten »Mines« oder die »Contrôle Technique«, den TÜV, zu bringen, weil es Ihnen nicht gelingen wird.

Für jeden Kontakt zu Ihrer Mairie kann ich Ihnen nur empfehlen, im voraus schon mal beim Standesamt Ihres Geburtsortes eine Kopie Ihres »Acte de Naissance« zu beschaffen, denn aus irgendeinem unerfindlichen Grund beginnt jeder winzigste kommunale

Vorgang damit, daß man eine Geburtsurkunde anbringen muß, die nicht älter sein darf als drei Monate.

Überlegen Sie sich genau, ob Sie hier wirklich eine »Carte de Séjour« beantragen wollen, weil niemand Sie je nach diesem Dokument fragen wird, es sei denn, Sie möchten in die französische Krankenkasse eintreten, hier heiraten oder hier wählen wollen. Ich neige dazu, Ihnen davon abzuraten, und versichere Ihnen still, daß ich seit fast zehn Jahren um den Erwerb einer Aufenthaltsgenehmigung ringe und im Augenblick sinngemäß auf dem Stand des Hauptmanns von Köpenick bin: Ohne »Carte de Séjour« kein Beitritt in die »Secu« (»Sécurité Sociale«, die staatliche Krankenkasse) und umgekehrt: ohne Nachweis der »Secu« keine »Carte de Séjour«, also alles in allem zum Verstandverlieren.

In diesen zehn Jahren allerdings, und das sollten Sie bedenken, bevor Sie sich der Prozedur unterwerfen: hat es niemals auch nur irgendein Problem gegeben, bei dem ich die »Carte de Séjour« gebraucht hätte: Unser Sohn hat das französische Schulsystem durchlaufen und macht demnächst sein Abitur, die ärztliche Versorgung war bestens und ist im übrigen grundsätzlich zu empfehlen; sogar eine schwierige juristische Angelegenheit, die bis zum Prozeß gedieh, erforderte niemals den Nachweis der ominösen »Carte de Séjour«, die mir von Jahr zu Jahr geheimnisvoller erscheint, weil alles, aber auch alles, was Sie je zum Beleg Ihrer Identität zum Zwecke einer Kontoeröff-

nung, einer Schulanmeldung, eines Autokaufs undsoweiter hier brauchen, ein Personalausweis ist sowie,
und das jetzt ist wichtig: die letzten drei Stromrech-
nungen. Telefonrechnungen tun es auch, beides sollten Sie aufbewahren.

Von französischen Freunden weiß ich, daß es ihnen
mit den Behörden ungefähr ähnlich ergeht wie mir
mit der »Carte de Séjour«, wenn sie beispielsweise
eine Firma oder einen kleinen Betrieb gründen wollen, weshalb sie diese Firma bzw. den kleinen Betrieb
oft betreiben, ohne ihn offiziell gegründet zu haben,
er existiert dann einfach. Auch Dienstleistungen werden sehr häufig »einfach so« erbracht und vergütet,
ebenso üblich ist der Tauschhandel mit Dienstleistungen oder Waren (ich habe vom Trüffelhandel berich-
tet, aber das geht auch mit Honig, Hühnern oder Tomaten) gegen Geld oder eben wiederum gegen
Dienstleistungen oder Waren, aber für den Elektriker,
dem Sie jetzt Ihre verwirrten Kabel langsam zeigen
sollten, bevor der Schmorfleck an der Wand zum
Brandschaden wird, sollten Sie jedenfalls diese Art der
inoffiziellen Ökonomie zunächst einmal außer acht
lassen und allmählich zu den Gelben Seiten greifen.

Die gesetzlosen Zustände stellen sich in der Regel
mühelos von selbst ein, wobei die Anarchie hier im
allgemeinen eine glücklich geregelte ist, nur eben
nicht von: Paris.

Kabelsalat oder:
Hilfe, die Handwerker kommen

Monsieur Lacombe ist vermutlich nicht da, wenn Sie anrufen. Entweder sein Anrufbeantworter ist an, oder seine Frau geht ran. Der letztere Fall ist etwas ungünstiger, weil seine Frau sich die Sache anhören und Ihnen womöglich dann mit Bedauern sagen wird, daß ihr Mann bis nach Weihnachten keinen Termin mehr frei hat. Der Anrufbeantworter hält still und läßt Sie »après le bip« zu Wort kommen. Sie sagen ihm nicht allzu genau, was mit Ihren Kabeln los ist, weil es sein könnte, daß es entweder eine Bagatelle ist, für die Monsieur Lacombe nicht extra anreist, oder es könnte auch eine größere Operation sein, wegen des Schmorflecks, und das ist ihm zu riskant. Nun kommt die entscheidende Frage: Entweder Monsieur Lacombe ruft Sie dann irgendwann zurück oder nicht. Eine angemessene Frist von 24 Stunden sollten Sie ihm für diese Entscheidung lassen. Dasselbe »Vabanque« haben Sie übrigens, wenn Monsieur Lacombe Installateur, Fernseh- oder Satellitenmonteur, Maurer oder Fliesenleger ist: Ganz sicher können Sie nie sein.

Wenn er aber anruft und einwilligt, sich um Ihre

Leitungen zu kümmern, ist die Sache gelaufen. Sie ist allerdings nicht unbedingt so gelaufen, wie Sie das aus Siegen oder Braunschweig kennen, aber ich versichere Ihnen hoch und heilig, Sie können sich darauf verlassen: gelaufen ist sie.

Er wird mit Ihnen bzw. mit Hildegard, die vermutlich das Telefonat geführt hat, ein »Rendez-vous« verabreden, er wird pünktlich ohne Werkzeug erscheinen, sich die Sache ansehen, den Kopf wiegen und ein zweites Rendez-vous verabreden, bei dem er mit Werkzeug erscheint. Und dann ist es freundlich, ihm einen Kaffee oder ein Glas Wasser anzubieten, das er zwar ablehnt, aber freundlich ist es doch.

Und danach würde ich aus dem Zimmer gehen. Ich jedenfalls gehe aus dem Zimmer, weil ich nichts von Kabeln verstehe und also nur dumm herumstehen würde, mein Mann allerdings geht aus dem Zimmer, weil er was von Kabeln versteht und in Unruhe gerät, wenn Monsieur Lacombe mit dem Werkzeug kommt und durchaus fachmännisch, aber nicht so ganz orthodox an die Kabel rangeht.

Zwischendurch sollten Sie nach der Diagnose fragen und besorgt gucken, weil Monsieur Lacombe auch besorgt guckt, während er Ihnen wortreich die besorgniserregenden Eigentümlichkeiten Ihrer Stromversorgung erklärt und besonders den Sicherungskasten dabei finster mustert, und nach zwei Stunden ist er fertig. Die beiden toten Steckdosen hat er auch wiederbelebt, wenn das irgend möglich ist.

Sie zahlen nur unwesentlich mehr als für einen Arztbesuch (17 Euro 50) und wesentlich weniger als für einen Tierarztbesuch (ca. 45 Euro), über Trinkgeld wundert sich Monsieur Lacombe, aber ich wette, es freut ihn auch, und Sie wollen ihn außerdem nicht in seinem Vorurteil bestätigen, daß alle Deutschen geizig sind, und fertig.

In dem Teil der Welt, der nicht Südfrankreich ist, wird unaufhörlich wiederum ein anderes Vorurteil verbreitet: daß nämlich die Handwerker in Südfrankreich nicht arbeiten wollen und schon ganz bestimmt nichts von ihrem Handwerk verstehen und zudem allesamt Halunken sind. Das ist falsch. Mit Ausnahme eines Fernsehmonteurs, der einmal einen winzigen, uralten Billig-Fernseher zur Reparatur mitgenommen und nicht wiedergebracht hat, habe ich nur die besten Erlebnisse auf diesem heiklen Dienstleistungssektor gehabt, und selbst bei dem Fernsehmonteur bin ich sicher, er hätte den Apparat wieder zurückgebracht, wenn ich mal angerufen und nachgefragt hätte, aber ich hatte ihn schlicht vergessen.

Sollte der Schaden, für den Sie Monsieur Lacombe rufen, etwas beträchtlicher sein, oder sollten Sie einen Maurer brauchen, um eine Garage zu bauen, wird – wie Sie das aus Fulda oder Osterode kennen – ein Kostenvoranschlag gemacht, und der wird auch eingehalten. Gesetzlich erlaubt ist eine Korrektur um 10 Prozent, aber das habe ich noch nie erlebt. Mehrmals erlebt habe ich hingegen, daß ein Handwerker sich zu seinen Ungunsten verrechnet hatte, einmal sogar um eine größere Summe. Es wäre unter seiner Handwerkswürde gewesen, darüber ein Wort zu verlieren. Elegant ist es und natürlich fair, wenn der Kunde ihn darauf hinweist und seine Zahlungsbereitschaft anbietet.

Es ist mir deshalb so wichtig, auf die artisanale Kompetenz und Seriosität von Monsieur Lacombe hinzuweisen, weil das ein Gebiet ist, auf dem die Völkerverständigung noch nicht weit gediehen und die Gefahr von Flächenbränden also recht groß ist und weil der daraus entstehende Schaden unnötig ist.

Wundern Sie sich also nicht, wenn der Maurer, der Ihre Garage baut oder den Keller des Natursteinhauses trockenlegt, das Sie trotz meiner Warnung gekauft haben, nicht nach Arbeitsstunden abrechnet, sondern sich sein »Œuvre«, sein Werk, bezahlen läßt. Er wird sich seine Arbeitszeit frei einteilen, nämlich morgens sehr früh vor der Tür stehen, mittags um Punkt zwölf die Baustelle stehen- und liegenlassen, und irgendwann gegen den späten Nachmittag kommt er dann wieder. Manchmal auch schon um drei. Die Leute hier arbeiten viel (trotz der 35-Stunden-Woche mehr als in Deutschland) und zuverlässig, aber nach ihrem eigenen originellen Kopf und vernünftigerweise nicht in der Mittagshitze. Versuchen Sie auf keinen Fall, das zu ändern, gar zu beschleunigen oder Ihren eigenen Rhythmus durchzusetzen, Sie ziehen den kürzeren und ärgern sich völlig unnötig. Wenn Sie eine Weile damit zu tun hatten, merken Sie: diese Handwerkerhaltung hat wirklich was mit Würde zu tun, mit dem Stolz auf die eigene Arbeit, auch mit Freiheit.

Es gibt hier in der Gegend sehr viele halbrestaurierte Natursteinhäuser, die nur deshalb Restaurierungsruinen geworden sind, weil die deutschen, englischen, Schweizer oder Pariser Besitzer partout nicht glauben wollten, daß eine Isolierungsschicht auf den feuchten Kellerboden gehört, und erst wenn die trocken ist, kann gekachelt werden. Das geht allerdings nicht so schnell, weil es eben durchtrocknen muß. Das dauert, und die Besitzer waren ungeduldig und wollten am liebsten alles schon vorgestern fertig gehabt haben. Sie haben gedrängelt und immer wieder gedrängelt. Gut, hat Monsieur Lacombe irgendwann gesagt, wenn Sie das besser wissen. Dann hat er gekachelt, dann ist es darunter nicht richtig isoliert oder trocken gewesen, es hat geschimmelt, dann haben sich die Kacheln gehoben, dann haben die Besitzer gedacht, Monsieur Lacombe habe nicht richtig gekachelt, und dann ist das schöne Geld futsch, bloß wegen diesem Betrüger, der sein Handwerk nicht richtig versteht, sondern jeden Nachmittag stundenlang seine Siesta hält. Das Haus wurde nie richtig fertig, allerdings nicht wegen Monsieur Lacombe.

Übrigens sieht man es in Südfrankreich gern, wenn Leute sich selbst zu helfen wissen und erst dann nach

Monsieur Lacombe rufen, wenn es wirklich nicht anders geht. Einiger Pfusch an Ihrem Häuschen dürfte darauf zurückzuführen sein, daß der Vorbesitzer, der mit Sicherheit ein Heimwerker, ein »Bricoleur«, war, die international gültige Markierung »blau« für Kaltwasser, »rot« dagegen für warmes, entweder nicht kannte oder nicht anerkannte und eine private Neuregelung erschaffen wollte; dasselbe betrifft auch die Farben der Kabel und deren Polung (Achtung!), es kann Ihnen sogar passieren, daß er beim Verlegen irgendwelcher Installationen wie Wasser, Strom oder Gas umwegig vorgegangen ist, so daß Sie nach einiger Zeit auf Ihrem Dachboden einen riesigen Boiler entdecken könnten, der noch angeschlossen ist, aber Sie wissen nicht, wie und warum.

Manchmal wird beim Verlegen von Strom, Wasser oder Gas auch materialsparend nach der mathematischen Einsicht verfahren, daß rechteckige Verläufe von Rohren einfach teurer sind als diagonale, die allerdings vom Gesetz nicht vorgesehen sind, aber da verweise ich Sie wiederum auf vorangegangene Kapitel: Machen Sie sich nichts draus, hier gelten andere Regeln.

Und vor allem: lassen Sie jedenfalls – es sei denn, Sie haben wirklich einen drastischen Reklamations- oder Versicherungsfall – Obrigkeiten oder sonstige Instanzen nach Möglichkeit aus dem Spiel. Dies gilt grundsätzlich. Insbesondere für solche Dinge wie Beschwerden. Da geht es bei der Fête am Ende der

Straße häufig mal laut zu, weil Feste eben von Musik und Stimmen begleitet sind, und zwar bis gegen drei oder vier Uhr früh. Da bellt der Hund von Monsieur Boulard jeden Morgen pünktlich um halb fünf bis fünf, weil sein Herrchen zur Arbeit fährt. Monsieur Boulard läßt im Winter übrigens um halb fünf sein Auto an und so lange leer laufen, bis er in Ruhe seine Scheiben freigekratzt hat. Das ist allein seine Sache und geht Sie einfach nichts an, genausowenig wie der Umstand, daß während der Mittagsstunde oder auch sonntags im Hause Soulas die Kreissäge kreischt, weil dort angebaut wird. Der Hund geht Sie auch nichts an. Die Fête genausowenig. Machen Sie sich klar, daß umgekehrt niemand sich beklagt, wenn Sie...

Im allgemeinen lebt man hier äußerst rücksichtsvoll. Ausnahmen werden schlicht toleriert. Das ist praktisch und angenehm, weil man auf die Art ein emotionales Gleichgewicht erlangt, das es einem ermöglicht, einfach wieder einzuschlafen, nachdem man festgestellt hat, daß es halb fünf sein muß, weil Monsieur Boulards Hund anfängt zu bellen.

Etwas sollten Sie übrigens nicht tun, wenn Sie mit baulichem Chaos überfordert sind: Ihren Nachbarn bitten, Ihnen zu helfen. Er würde das sofort tun. Es wäre überhaupt kein Problem. Sie würden nicht einmal merken, daß das ein schwerer Fauxpas gewesen ist. Sie würden Yannick und Karine nur stillschweigend verlieren, und das sollten Sie nicht. Die Nachbarschaft umfaßt private Kontakte sowie im Notfall das Ausleihen von Sägen und sonstigen Garten-, Haushalts- oder Autogerätschaften, und da hört sie auf, weil Dienstleistungen in den oben erwähnten ökonomischen Regelbereich der Anarchie gehören, der da unausgesprochen auf dem römischen »do ut des« beruht, und für die Art Tauschwirtschaft haben Sie – jedenfalls anfangs – nichts anzubieten.

Während Monsieur Lacombe Ihre Garage baut oder die Isolierschicht in Ihrem Natursteinhaus trocknet, können Sie im übrigen einfach Ihre Nerven schonen und ein bißchen »gondeln«, in der Gegend herumfahren und sich anschauen, wo Sie hier gelandet sind. Es ist Herbst, und Sie werden feststellen oder vom letzten Jahr noch wissen, daß der Herbst hier für alle, die aus dem Norden kommen, schlechterdings eine geschenkte Jahreszeit ist: Die Rosen fangen wieder an zu blühen, die Sommerhitze, unter der die Landschaft grau und das Licht pastellgrau wird, weicht einem ganz milden Licht, in dem das Septembergrün in Verbindung mit dem weichen Blau des Himmels genau die Farbkombination werden, für die man dankbar ist, und man kann immer noch draußen sitzen bis weit in die Dunkelheit, so warm ist es, während in Bochum die Leute mit ihren Regenschirmen schon aneinanderstoßen.

Austern in Bouzigues

Ich an Ihrer Stelle würde also jetzt was unternehmen und Hildegard zum Beispiel mit einem Tag am Etang de Bouzigues davon abbringen, Monsieur Lacombe auf die Finger sehen zu wollen.

Wenn Sie rechts der Rhône wohnen, ist das praktisch von überall in weniger als zwei Stunden zu erreichen. Es ist da, wo Hildegard im Prinzip immer schon mal gern hingewollt hat, weil im Reiseführer steht, daß George Brassens da herkam, nämlich aus Sète, und auch da beerdigt ist, weil er schon zu Lebzeiten chansonweise bekanntgegeben hat, daß er so gern auf dem dortigen »Cimetière Marin« begraben werden möchte. Aber da irrt Hildegards Reiseführer: Sie haben ihn da nicht begraben. Inzwischen hängt am Eingang ein Schild, auf dem steht, daß er hier nicht begraben ist. Früher konnte man suchende Touristen auf dem Friedhof herumirren sehen, die Grab für Grab die Inschriften studierten – vergebens, und schließlich sind sie frustriert wieder abgestiegen, der »Cimetière Marin« liegt nämlich recht weit oben am Hang, und da Sie jetzt also wissen, Hildegards Reiseführer schwindelt Sie an, sollten Sie dennoch den Friedhof besuchen, und da können Sie sich das Inschriften-Studieren also schenken und lieber gleich sehen, was Brassens zu seinem Beerdigungswunsch bewogen hat, der Ihnen alsbald nachvollziehbar werden dürfte.

In einer anderen Angelegenheit übrigens lügt der Reiseführer zwar nicht, aber er verschweigt sie regelmäßig (es gibt inzwischen auch welche, die es zugeben, das hängt mit seinem 100. Geburtstag zusammen), weil es ihm genügt, daß ein einzelner Poet aus dieser kleinen Hafenstadt stammt, und zwei ihm etwas viel erscheinen, vielleicht auch weil er fälschlich denkt, daß kein Mensch sich für Paul Valéry interessiert, aber das sollte man ihm nicht durchgehen lassen. Tun Sie Hildegard also den Gefallen, und gehen Sie mit ihr ins Valéry-Museum, es liegt am oberen Ausgang des besagten Friedhofs.

Sète kann ich Sie hiermit getrost überlassen.

Bevor oder nachdem Sie sich die Stadt ansehen, die einen selbst für hier ganz ungewöhnlichen Charme hat, sollten Sie die »Route de l'huître« entlang- und nach Bouzigues fahren. Zuvor weise ich Sie rasch darauf hin, daß bei der Autobahnabfahrt ein unscheinbares Ortsschild auf den Namen Frontignan lautet. Die fünf Kilometer dahin sind jedenfalls nicht zu weit für den ausgezeichneten Muskat, der dort produziert und auf den »Caves« oder »Domaines« preiswert verkauft wird und den man eigenartigerweise überall in Frankreich kennt, aber über die deutsche Grenze ist sein Ruf meines Wissens noch nicht gedrungen, selbst Wolfram Siebeck schwärmt eher von dem Süßwein aus der Gegend von Collioure; verständlich, aber probieren Sie jedenfalls mal einen Frontignan.

Ähnlich wie mit dem dortigen Wein ist es auch mit der Austernstraße, von der Hildegards Reiseführer kein Sterbenswörtchen verrät, anders als die französischen offenbar, denn an den Nummernschildern der Autos, die dort entlangfahren und in Mèze oder Bouzigues parken, kann man sehen, daß ganz Frankreich und halb Belgien sie kennt. Der Süden ist mächtig stolz auf die Austern, die im Mittelmeer-Etang gezüchtet werden, und zwar schon seit hundert Jahren, wie Sie im Austernmuseum erfahren könnten, in das Sie aber vermutlich deshalb nicht gehen, weil Sie in Bouzigues oder dem etwas größeren Städtchen Mèze das tun werden, was alle dort tun, weil es unwiderstehlich ist.

Und das geht so:

Erst mal staunen und den Blick nicht mehr davon losbekommen, wie die Austernbänke geometrische Muster in die glitzernde Bucht zeichnen, die bei jedem Wetter wechseln: lauter Variationen desselben Kunstwerks.

Danach am Wasser entlanggehen, am Hafen ausgiebig davon träumen, eins von den kleinen Segelbooten zu besitzen, die dort herumschaukeln und im Wind

— 105 —

mit ihren Masten und Drähten und Schnüren eine ganz besondere Musik veranstalten, Bouzigues-Musik eben, die im Falle von Mistral sinfonisch wird.

Der Weg endet am Museum, und da bietet es sich an, nach links in die Stadt hochzuschlendern, die einen davon in Kenntnis setzt, daß die spanische Grenze gar nicht so weit weg sein kann. Im übrigen ist man rasch durch, und es zieht einen wieder runter ans Wasser.

Inzwischen haben Sie entdeckt, worum es in diesem Ort geht: seiner Winzigkeit stehen unproportional große Mengen von Mollusken gegenüber, die hier produziert werden. Eigentlich müßte der Ort dafür ungefähr mindestens so groß wie Rüdesheim sein. Ist er aber keineswegs. Vielleicht knapp ein Zehntel höchstens. Nun fahren aber ungeheuer viele Leute dahin, weil diese Bucht bekanntermaßen die einzige Mittelmeerbucht ist, in der Austern gezüchtet werden. Muscheln auch. Und Seeigel. Und alle Leute lieben Austern, Muscheln und Seeigel, jedenfalls alle Franzosen. Aber für entsprechende Restaurants ist da gar kein Platz, weil der Ort seit hundert Jahren eben auf Austern eingerichtet ist und nicht auf Leute. Die Häuser sind klein, in manchen sind unten Lagerräume drin für die Austernkörbe, die da gestapelt wurden, in anderen Garagen oder Werkstätten. Früher mal. Inzwischen liegen die Lager und Verpackungsschuppen etwas außerhalb, da können Sie gut mal vorbeischauen, das ist ein Spaziergang von zehn Minuten, direkt am

Wasser entlang in die andere Richtung, also rechts entlang. Es geht dort eindrucksvoll zu, ziemlich gewaltig, und riecht – nebenbei gesagt – auch ziemlich gewaltig. Gehen Sie trotzdem mal hin: Sie können da das gesamte Austerngeschäft vom »Aus-dem-Wasser-Holen« bis zur Versendung verfolgen, und bis auf die Lkws wird es Ihnen vorkommen, als wären Sie im 19. Jahrhundert. So. Und jetzt bummeln Sie wieder zurück in den Ort, in dem jeder einzelne Ex-Lagerraum, jede Ex-Garage und jeder Ex-Werkzeugschuppen damit beschäftig ist, die austern- und sonstwie meeresfrüchtehungrigen Besucher dieser bemerkenswerten Stätte zu befriedigen.

Da gibt es einmal die schlichte Variante: in einem dunklen, kleinen Raum und bis raus auf die Straße stehen dicht gedrängt jene häßlichen Plastiktische und -stühle, die Sie inzwischen gewohnt sind und folglich schon gar nicht mehr als solche wahrnehmen, außer es fährt ein Mistral durch Bouzigues und wirft die gesamte Bordsteineinrichtung um, und hinter einem improvisierten Tresen werden in einem Wahnsinnstempo die Dinger geöffnet, die ganze Familie ist damit betraut: die Austern auf Plastikteller, halbe Zitrone drauf, Stück Baguette dazu, Glas Weißwein, und das war's. Kein Schlürfen dann, kein Zelebrieren, sondern die Austern werden ganz einfach und ohne irgendwelche Umstände gegessen. In großen Mengen. Der Wein dazu heißt Picpoul de Pinet, wächst praktischerweise im Hinterland, ist vorzüglich und vor allem: paßt perfekt. Das Schnellmenü kann auf Wunsch durch allerlei anderes rohe Meeresgetier ergänzt werden und kostet einen Spottpreis, es sei denn, Sie bestellen die »Huîtres Plates«, die am Atlantik »Belons« heißen und unbezahlbar zu werden beginnen, hier aber sind sie einfach platt und gut und dafür nicht furchtbar teuer. Wenn Sie zu den Menschen gehören, die rohe Muscheln schlucken können, sollten Sie übrigens »Palourdes« probieren, sie sind klein und extrem delikat. Seeigel werden mit einem kleinen Löffel aus der Schale gegessen, und zwar nur das Gelbe, nicht die schwarzen Kiessteinchen. Eine »Oursinade« ist ein Omelette aus Eiern und Seeigeln und schmeckt. »Tellines« sind winzige Muscheln, meistens mit Petersilie und Knoblauch angemacht. Manchmal auch mit Mayonnaise, ebenso wie die »Bulots«, Meeresschnecken, die Sie mit etwas größeren Stecknadeln aus dem Gehäuse holen. Etwas gewöhnungsbedürftig sind die äußerst häßlichen »Violets«, die auch Meereskartoffeln genannt werden. Versuchen Sie trotzdem eine, sie wird für die nächsten paar Jahre Ihren Jodbedarf decken.

In den etwas aufwendiger arbeitenden Restaurationswerkstätten oder -garagen ist es insofern faszinierend, als man einfach nicht glauben kann, daß aus irgendeiner winzigen Hinterkammer, die es da geben muß, tatsächlich das phantastische Essen herauskommen kann, mit dem sie einen so beglücken, daß man es für Zauberei hält. Das Mobiliar ist wie siehe oben, manchmal allerdings aus Holz, aber sonst alles genauso: dicht an dicht.

Neben den »Assiettes d'huîtres« und sämtlichen Varianten der überall in Frankreich beliebten »Plateaus de Fruits de Mers« gibt es die »Rouille de Seiche«, die Sie nicht bestellen müssen, weil Sie sie nach Lektüre dieses Buches schon selbst zubereiten können. Also könnten Sie beispielsweise, wo Sie schon mal hier sind, die »Moules Farcies à la Sètoise« essen und bei der Gelegenheit darüber nachdenken, daß Sète seit Jahrhunderten einen Hafen und somit einen guten Seeweg nach Italien hat, nach Ligurien zum Beispiel, wo Sie etwas ganz Ähnliches wie diese Sète-Spezialität unter der Bezeichnung »Cozze Ripieni« schon einmal gegessen zu haben vermeinen. Es sind mit Hackfleisch gefüllte Miesmuscheln in Tomatensoße. Klingt komisch, schmeckt aber zum Süchtigwerden. Ansonsten können Sie dort alles aus dem Wasser Kommende essen, egal ob gekocht, gebraten, fritiert, als Suppe oder sonstwie, es wird immer ausgezeichnet sein. Als Ragout zum Beispiel. Als

Bourride de Baudroie

zum Beispiel. Und da sehe ich nun voraus, daß Sie sich nach dem Genuß einer Bourride alsbald unbedingt das Rezept verschaffen möchten, um bei Gelegenheit Yannick und Karine einen Überblick über den Stand Ihrer Assimilationsfortschritte verschaffen zu können, die Ihre Freundschaft ein gutes Stück voranbringen und intensivieren.

Sie brauchen:

Ein Kilo Seeteufel, der in Frankreich Lotte und in Südfrankreich Baudroie heißt
etwas Dörrfleisch
drei Lauchstangen
zwei oder drei Karotten
eine Selleriestange
Thymian, Lorbeer
etwas getrocknete Orangenschale (etwa
1 Viertel)
eine Zwiebel und
drei Knoblauchzehen

Gemüse und Dörrfleisch schneiden Sie klein, lassen es in einer Mischung aus Butter und Olivenöl anschwitzen, fügen sodann einen Löffel Tomatenmark, zwei Gläser Picpoul und ein Glas Wasser sowie die Gewürze hinzu, köcheln das eine gute halbe Stunde, fischen die Gewürze wieder raus und mixen den Rest. Die Lotte wird in Stücke geschnitten (ich nehme die Mittelgräte raus, weil es ein Soßengericht ist), behutsam in etwas Mehl gewendet oder auch nicht und in Butter knapp zwanzig Minuten lang bei kleiner Flamme gebraten. Man kann sie auch flambieren, aber das muß nicht sein. Salzen und pfeffern. In der Zeit bauen Sie mit zwei Eidottern die Aïoli, die Sie schon von der Rouille her im Griff haben, vier Knoblauchzehen sollten genügen, eine Messerspitze Cayennepfeffer kann nicht schaden.

In diese Aïoli nun wird Löffel für Löffel langsam die Gemüsesoße hineingerührt, wobei Sie strikt aufpassen müssen, daß sie nicht mehr kocht, weil sonst die Eier stocken und die Sache gerinnt. Sie schmeckt dann zwar immer noch, sieht aber nicht mehr präsentabel aus. Die Sauce wird allmählich cremig, und wenn sie von ganz samtiger Konsistenz ist, stimmt es. Dazu gibt es geröstete Brotscheiben zum Tunken.

Sehr gut kommt es an, wenn Sie als Vorspeise gratinierte Austern vorsehen, dazu die Austern öffnen (lassen Sie es sich in Bouzigues von jemandem zeigen, und glauben Sie nicht den Austernmessern, auf denen draufsteht »Ouverture facile«, es geht nicht anders als mit Üben), mit Semmelbrösel bestreuen, eine Butterflocke drauf und rasch bei hoher Hitze überbacken.

Den Picpoul de Pinet, den Sie in die Soße getan haben, trinken Sie auch.

Man kann zur Bourride auch andere festfleischige Fische nehmen: Merlan und Loup de Mer beispielsweise, aber Lotte ist einfach am besten.

Amerikanische Verhältnisse

Bei der Bourride angelangt, stellen Sie fest, daß Ihre Integration in die südfranzösische Lebensweise Ihnen fast unmerklich eine Menge Bekanntschaften eingetragen hat, da Ihre Umgebung Sie anfänglich nur diskret beobachtet hat und nach etwa einem Jahr jetzt anfängt, Wohlwollen zu signalisieren (oder, wie im Falle von Peter Mayle, auch nicht, aber Sie haben nicht den Fehler gemacht, die Welt mit Folklore zu verwechseln und zu simplifizieren und zu verhöhnen, also brauchen Sie keine Sorgen zu haben). Sie sind also reingerutscht, haben mitbekommen, daß Karines Vater sich von Karines Mutter getrennt hat, daß die Tochter von Karines Schwester ihre Volljährigkeit gefeiert hat, Sie kennen die Buchhändlerin und wissen folglich, daß es vernünftiger ist, Bücher, die nicht in französischer Sprache verfaßt sind, übers Internet zu bestellen als bei ihr, die ansonsten eine unerschöpfliche Quelle an französischer Bildung und Auskünften über das Tagesgeschehen im Ort darstellt. Sie kennen inzwischen Geschichten. Manche davon stehen in der Zeitung.

Zum Beispiel: lesen Sie in der Zeitung, daß der neue Bürgermeister von X beschlossen hat, gemäß seinen kommunalen Wahlversprechungen etwas für die Sicherheit und gegen die steigende Gewalt zu tun, und demnächst wird dort also eine städtische Polizeistation eingerichtet.

Auch steht in der Zeitung, daß der Bürgermeister von Y verfügt hat, daß die Kantine des dortigen Collège (sinngemäß ist das die ganztägige Regelschule bis zur 10. Klasse) sowie der Schulbus ab sofort nur noch der französischen Schülerschaft zur Verfügung stehen und daß die marokkanischen Eltern eines kleinen Mädchens dagegen Einspruch erhoben haben. Es stellt sich heraus, daß der Bürgermeister dem Front National nahesteht, aber aus Karrieregründen in den gemäßigt rechten RPR eingetreten ist. Skandal. Einige Zeit danach wird die Maßnahme zurückgenommen.

Die Zeitungen berichten des weiteren, daß es in Z regelmäßig zu Ausschreitungen zwischen den maghrebinischen Jugendgruppen einerseits, den maghrebfeindlichen Jugendgruppen andererseits kommt, und zwar immer an Wochenenden und immer mit beträchtlichen Schäden in den entsprechenden »Cafés de la France« bzw. »Bars de la Gare«, wo das stattfindet, und je nachdem ist infolgedessen eine 24stündige Schließung des »Café de la France« bzw. der »Bar de la Gare« anberaumt worden, Fortsetzung folgt nächstes Wochenende. Ihre Buchhändlerin weiß zu berichten, daß in der Diskothek sowie vor den Schulen mit

Rauschgift gedealt und dieses dann ausgerechnet immer vor ihrem Laden konsumiert wird, weshalb sie sich schon mit mehreren Banden angelegt hat und befürchtet, daß ihr demnächst die Scheiben ihres Ladens eingeschlagen werden.

Der Vietnamesin, die in Ihrem Ort ein kleines Geschäft für die vietnamesischen Minderheiten unterhält, von dem Sie übrigens profitieren sollten, solange es ihn noch gibt, hat wegen dessen Totalverwüstung schon zum dritten Mal die Versicherung angerufen und fürchtet nun, daß die nicht mehr zahlt, wenn das so weitergeht.

Es gibt Berichte von Brandstiftung, Bandentum, Vandalismus, Friedhofsschändung, Einbrüchen.

Und es gibt beträchtliche Unruhe wegen des statistisch nachweisbaren erheblichen Anstiegs der Kriminalität, der jede noch so kleine Kommune erschüttert, selbst wenn die Zahlen wesentlich von dem gesamtfranzösischen Phänomen der Banlieue-Kriminalität geprägt sind, der Ghettos, die wie ein dicker Ring die großen Städte umschließen, nachdem diese seit den siebziger Jahren ihre armen Bevölkerungen raus- und in die Ghettos hineingedrängt haben, und wenn da nun rezessive Tendenzen sowie eine bittere Neuauflage der mörderischen Krise im Nahen Osten hinzukommen, dann fängt das an zu kochen.

Diese Dinge also werden Sie erfahren haben. Gesehen haben Sie sie nicht, mit Ausnahme des ausgebrannten alten Seat Ibiza, der am Ortseingang seit Monaten in einer Kurve am Straßenrand vor sich hin gammelt und inzwischen ratzekahl ausgeweidet ist und von dem wir annehmen, daß er Teil eines Versicherungsdelikts ist, das wahrscheinlich auf halber Strecke gescheitert ist, und jetzt will keiner das Wrack entsorgen

Tatsächlich kann ich Ihnen heute nicht mehr empfehlen, was noch am Anfang der neunziger Jahre normal und ganz selbstverständlich war, nämlich Ihr Auto nicht abzuschließen, wenn Sie nur mal kurz in die Apotheke springen, und auch die Haustür sperren Sie besser zu, wenn Sie das Haus verlassen. Sollten Sie dennoch einen Anlaß haben, sich an die örtliche Gendarmerie wenden zu müssen, um eine Anzeige zu erstatten, so machen Sie sich auf gelindes Desinteresse gefaßt. Ihre Anzeige wird aufgenommen. Mit einem Achselzucken.

Ansonsten sollten Sie sich alle aufgeregten Berichte von Gewaltexzessen und rassistischen Übergriffen in Ruhe anhören, sie kommen in der Regel zu dem beklagenswerten Schluß, hier herrschen »amerikanische Verhältnisse«. Versuchen Sie nicht, dem aufgebrachten Erzähler dieser Verhältnisse davon zu berichten, was Sie in der Berliner S-Bahn oder auf dem Marktplatz in Aachen schon alles erlebt haben, angefangen bei Pöbeleien bis zu bösen Attacken, von der Schulwegerpressung bis zum fünften Fahrradklau und sonstigen Übergriffen. Von den hundert Rassismus-

— 115 —

Morden und Bränden der Asylantenheime zu schweigen.*

Er wird es Ihnen nicht glauben, und er hat natürlich recht: Staatsbürgerlich sieht er keinen Grund, sich mit Anzeichen von gesellschaftlicher Verwahrlosung zu arrangieren. Daß Sie sehr viel handfestere Varianten davon kennen dürften, macht Ihnen das Problem zunächst zu einer Frage, womit man vergleicht.

Es wird dadurch aber nicht niedlich.

Im übrigen ist die Sorge um die Region und ihre Intaktheit seit den fünfziger Jahren des 20. Jahrhunderts sehr vielgesichtig, und eines ihrer Gesichter können Sie sich ansehen, wenn Sie einmal nach Manosque fahren und dort ein wenig von der Provence finden, von der ein leidenschaftlicher gebürtiger Bewohner dieses Ortes befürchtete, daß sie im Zuge der Entwicklung, die wir heute Globalisierung nennen, verschwinden würde. Diesmal also ein Ausflug in den Süden links der Rhône.

Manosque liegt an der Abfahrt Nummer 18 der E 51, und schon diese schlichte Angabe führt Sie mitten ins Werk von Jean Giono. Der war nämlich gegen den Bau der E 51. Wenn Sie sich vielleicht nicht über

---

* Mit dieser Bemerkung will ich sagen, daß der Rassismus in Frankreich jedenfalls nicht das Gesicht hat, das wir in Deutschland kennen. Aufschluß über die französische Art, die weniger manifest, aber latent sehr wohl spürbar ist, gibt z. B. ein Büchlein von Tahar Ben Jelloun: »Wie erkläre ich meiner Tochter den Rassismus«.

— 116 —

die E 51, sondern auf einer der kleinen D 6, D 956 oder D 907 an den Ort in den Bergen heranbewegen, brauchen Sie natürlich länger, aber Sie haben jede Menge Zeit, ausgiebig zu verstehen, warum Giono gegen die E 51 war und sie bis zur – vom jetzigen Stand der Entwicklung betrachtet – leidenschaftlichen Lächerlichkeit hartnäckig bekämpft hat. Literarisch natürlich, er war ja Schriftsteller, aber dennoch auch ein Vorläufer von José Bové, dessen Unternehmen sich nicht gegen die Autobahnbauer richtet, sondern gegen die WHO und die wiederum »amerikanischen Verhältnisse«, die weitgreifende Wirkung haben, weil ein Boykott französischer Agrarprodukte, ein Einfuhrverbot für Rindfleisch, ein weltweites Verbot französischer Rohmilchkäse und weitere empfindliche Maßnahmen das Leben der hiesigen Bauern empfindlich erschweren und es natürlich mehr als unsensibel ist, wenn ein Hamburger-Konzern ihnen genau in dieser Situation eine Filiale vor die Nase setzt.

Für seine Attacke auf McDonald's geht der Mann demnächst in den Knast. Zuvor allerdings wird er mit seinem Anliegen überall in Paris und sonstwo empfangen. Im übrigen ist McDonald's ins französische Alltagsleben fest integriert, auch in das Alltagsleben von Yannick und Karine, die – wie Sie inzwischen wissen – Anhänger der zweifellos sachbeschädigenden Vorgehensweise von José Bové sind.

Ecolos vs. Gentomaten

In den siebziger Jahren, als die ökologische Bewegung wesentlich die nordeuropäischen Länder erfaßt hatte, war ein Nebeneffekt dieser Bewegung, daß eine Menge Leute »ausstiegen«, um anderswo als in den industrieversauten und atombedrohten Ballungsgebieten in den erwähnten Natursteinhäusern fern der oben erwähnten architektonischen Nachkriegssünden besonders in Westdeutschland ein naturnahes Leben im Süden undsoweiter.

Hier waren die Preise für diese Anwesen unten. Besonders in den Bergen waren sie unten, aber auch sonst (mit Ausnahme der Côte d'Azur), weil die Leute dort das 19. Jahrhundert – die E 51 war längst gebaut – nicht mehr gut durchhalten konnten. Es gab inzwischen synthetischen »naturidentischen« Lavendelduft, aber noch immer keine Gas- oder Wasserleitung. Korbwaren kamen aus Asien, traditionelle Anbauweisen für Obst und Gemüse brachten nichts ein, was mit den monokulturell erzeugten Erdbeeren der Nachbarn in Spanien hätte konkurrieren können, und der Tourismus entwickelte sich erst einmal nur entlang der Küste und brauchte die E 51 bzw. die gute alte Autoroute du Soleil, heute E 15, bloß, um mehrmals jährlich in Lyon die besagten Staus zu produzieren, weil alle runter ans Wasser wollten. Manch ein Weinbauer verkaufte sein Land, um zwischen Montpellier und Narbonne einen Nacktbadestrand zu eröffnen. Mit Nacktcampingplatz hintendran. Den in St. Tropez gab es schon, und der in Salin de Giraud ist bis heute illegal.

Ganze Dörfer wurden um die Zeit aufgegeben und verlassen, in anderen bröckelte die Infrastruktur, erst wurde die Schule geschlossen, dann die Post, der Friseur gab auf, und zuletzt ging dann auch noch der Bäcker, ein ambulanter Brotwagen kam noch einmal am Tag vorbei, zum Einkaufen in den Supermarkt waren es 18 Kilometer, aber was für Kilometer, häufig ohne Asphalt.

Die Aussteiger störte die Tristesse nicht weiter, weil sie es ohnedies nicht mit dem Asphalt hatten, sondern mit der Natur. So entstanden massenhaft Wohn- und Lebensprojekte, die meistens auch irgendwie mit freier Sexualität und im weiteren Sinne der Kinderladenbewegung zu tun hatten und ein paar Jahre später scheiterten, weil kein Mensch die Mischung aus selbstgeschaffenen, weltfern hermetisch abgesperrten Enklaven, mangelndem Know-how, tückischen Wetterlagen und vor allem infolgedessen mangelndem Geld bekömmlich findet.

Sie gingen also wieder.

— 119 —

Aber – so ähnlich muß das übrigens damals bei den Religionskriegen gewesen sein, als die hiesige Bevölkerung begeistert die protestantischen Ideen aufnahm, weil sie »gegen« den katholischen Hof in Paris waren – der Geist der »Ecolos« war hier einmal durchgeweht und hatte die Menschen angesteckt. In den folgenden Jahren machte er sich unabhängig von den Konzepten derer, die ihn überbracht hatten, weil man hier die prinzipiellen Diskurse der sexuellen Revolution nicht so richtig übersetzen konnte und weil hier Kinder mit drei Jahren in die staatliche Kindergartenvorschule oder auch weit vorher schon in die »Crèche« kommen, die Kinderkrippe, ohne daß es dazu Diskussionen oder gar Kinderläden gäbe, in denen diese Diskussionen entfaltet werden könnten. Aber er wehte weiter. Er wehte vermutlich einfach deshalb weiter, weil das 19. Jahrhundert eben doch noch nicht so fern war wie für die Bewohner von Duisburg oder Wanne-Eickel und also auch technisch noch gut erinnerlich. Er wurde, wie das hier so die Art ist, einfach entdogmatisiert und praktisch, und ich erzähle Ihnen das, weil die hiesige entdogmatisierte, praktische Art der Ökologie gelegentlich von Menschen, die aus dem Herkunftsland dieses Geistes stammen, zumindest als merkwürdig empfunden wird, zumindest als ökologisch nicht unbedingt korrekt.

Die Wirtschaftsform, unter der die Produktion ökologischer Waren betrieben wird, ist der Kleinbetrieb oder die Kooperative. Verkauft wird vorwiegend auf den Wochenmärkten. In vielen Orten gibt es in größeren Abständen Bio-Märkte, die sehr gern und sehr gut besucht und benutzt werden, womöglich weniger wegen der Lebensmittel, sondern weil sie ein Anlaß zur »Fête« sind und sich die Leute da treffen. Die Dinge, die Sie da kaufen können, sind gut. Vom Ziegenkäse über den Honig oder die Olivenpaste ausgezeichnet, wobei ich mich immer frage, was an Ziegenkäse, Honig oder Olivenpaste »bio« bzw. nicht »bio« sein kann: Die Ziegen grasen eben so überall herum, wo sie ein Kraut finden, das ihnen schmeckt, und der Käse ist einfach deshalb so gut, weil diese schmackhaften Kräuter überall wachsen; beim Honig wüßte ich auch nicht genau, wie man einer Biene erklärt, daß sie nur in ungespritzten Gärten an die Blüten geht, und Oliven wachsen an ehrwürdigen Bäumen, die sowieso keiner düngt. Ebenso »bio« sind Woll- und Seidenwaren, die uns eher etwas darüber erzählen, daß es in Südfrankreich früher eine bedeutende Tuchwirtschaft gab, bevor die Märkte in Asien das übernahmen.

Wie dem auch sei – die Ökologie ist beliebt.

Aber: sollten Sie, was tatsächlich sehr sinnvoll ist, auf die Idee kommen, Ihre Kartoffelschalen oder Gartenabfälle kompostieren zu wollen, weil der Boden auf Ihrem Grundstück mit Sicherheit armselig ist, dann sollten Sie das nicht allzu auffällig tun, weil man Sie unweigerlich als tickbehaftet empfinden würde, wenn man das merkte.

Inzwischen hat Europa auch hier etwas mildernd einzugreifen versucht, und es werden Kompostiertonnen verkauft, sie setzen sich aber nicht durch, weil hier andere Tonnen herrschen: die rostigen Altöltonnen, in denen traditionell jene Abfälle verbrannt werden, die nicht auf die »Déchetterie« gelangen, auf die Schutthalde, die eine Sache für sich ist und die Sie sich möglichst erst dann einmal vornehmen, wenn Sie mit den Verhältnissen hier so weit vertraut sind, daß Sie eine mittlere Krise verkraften können.

Wundern Sie sich nicht, wenn Yannick Ihnen zwar stolz von den kommunalen Errungenschaften in Gestalt eines Glas- und eines Altpapiercontainers erzählt, dort aber nie im Leben angetroffen werden wird, weil er – wie alle Leute hier – gewohnheitsmäßig alles in eine Mülltüte schmeißt, und die kommt in den Müll am Ende der Straße, in den einfach alles entsorgt wird; ich möchte nicht wissen, was alles.

Hildegards Ibizakorb übrigens, mit dem sie ihre Einkäufe macht, gibt ihre auswärtige Herkunft preis. Hier gelten Plastiktüten, und zwar nicht einzelne Plastiktüten, sondern pro Einkauf sieben bis acht. Als ich gerade so weit war, daß ich dachte, ich gehöre hier irgendwie dazu, weil die Verkäuferin im Supermarkt schon anfing, mir verschwörerisch zuzuflüstern, daß es dort und dort viel günstigere Playstation-Spiele gebe als hier, mußte ich einen schweren Rückschlag einstecken: Freunde aus Deutschland, die hier zu Besuch waren, verlangten zum Verpacken ihrer Einkäufe einen Karton und lösten mit dieser Bitte schwerste Entgeisterung aus.

Was die Fortbewegungsmittel und ihren möglichst umweltschonenden und energiesparenden Einsatz auch auf Kurzstrecken betrifft, bewegt man sich hier ebenso wie Meg Ryan in »French Kiss«, nämlich so, wie die Natur es vorgesehen hat, auf vier Rädern, und zwar so dicht wie möglich an sein Ziel ran. Gegebenenfalls dreimal durch den Ort oder auch um den Ort herum, aber jedenfalls sehr dicht ran. Dort kann man ja dann laufen.

Fahrräder zieht man – mit sehr wenigen Ausnahmen, meist alte Leute – nicht in Betracht. Die sind den Teilnehmern der Tour de France vorbehalten und jenen, die davon träumen und dafür einzeln oder in Massen durch die Landschaft strampeln.

Sollten Sie Ihr Gemüse im Supermarkt kaufen, wofür es eigentlich keinen Grund gibt, weder in kleinen Städten noch in Nizza, Toulouse und Marseille, werden Sie über kurz oder lang die Bekanntschaft mit einem Ding machen, das rot ist, aussieht wie eine Tomate, schmeckt wie eine Tomate, so daß Sie erst dann hinter sein Geheimnis kommen, wenn Sie die Tomate im Kühlschrank oder selbst in der Gemüseschale einmal längere Zeit vergessen. Sie werden sich wundern,

— 123 —

daß die Tomate schon seit zehn Tagen dort liegt und immer noch unverändert fest, rot und tomatig ist. Wenn Sie dann – nur mal interessehalber – ein Experiment anstellen und die Tomate jetzt nicht essen, sondern weiter liegenlassen, können Sie feststellen, daß sie auch etliche Wochen später keine Veränderung in Form, Farbe und Konsistenz aufweist. Sie können sie selbst nach acht Wochen noch essen. Wenn Sie sie dann noch mögen.

Es ist seit vielen Jahren bekannt, daß etliche internationale große Konzerne ihre Grundlagenforschung auf dem Gebiet der gentechnologischen Agrarwirtschaft in Südfrankreich betrieben haben. Was die Tomaten betrifft, kann ich Ihnen versichern, daß ich die Erfolge mit eigenen Augen gesehen habe.

Indes soll dieses Kapitel mit der erfreulichen Nachricht beschlossen werden, daß die Qualität des Weines, der, besonders wenn er als Massenprodukt aus dem Herault oder der Aude kam oder auch »Corbière« hieß, noch vor sieben Jahren einen geradezu fatalen Ruf hatte, sich infolge korrigierter Anbauweise und insbesondere einer dramatischen Reduktion der Insektenvertilgungsmittel stetig verbessert hat, so daß Sie dem Merlot aus der »Cave Coopérative« im Nachbarort vermutlich vertrauen können.

Und jetzt allerdings ist es Zeit, an die Flasche Gigondas oder den Pomerol zu denken, die Sie sich bald beschaffen sollten, weil es demnächst ein Jahr her ist, daß

Sie Ihr Häuschen gefunden haben, und wenn alles etwa so verlaufen ist, wie ich denke, daß es verlaufen sein könnte, dann war das – bis auf die Nervensache mit dem Kabelsalat – ein ziemlich gutes Jahr, und das sollten Sie feiern.

Was der Stier im Schwimmbad sucht

Eines Tages, es muß irgendeiner von diesen Herbstsonntagen gewesen sein, im 16. Jahrhundert vermutlich, die Weinernte war vorbei, eines Tages also saßen ein paar Bauern herum, hüteten ihre Pferde und Stiere und langweilten sich ein bißchen. Da kam einer von ihnen auf die Idee, die Stiere ein bißchen zu kitzeln. So ungefähr muß das angefangen haben. Manche sagen auch, daß es umgekehrt war, daß sich nämlich die Stiere an diesem Sonntag ein bißchen gelangweilt haben... Jedenfalls ist daraus etwas entstanden, das ich Ihnen sehr ans Herz legen möchte. Und weil ich vorhersehe, daß Hildegard erbleichen und Ihnen mit dem Tierschutzverein kommen wird, sobald Sie den Wunsch äußern, einen Stierkampf zu sehen, würde ich Ihnen gern etwas in die Hand geben, womit Sie sie besänftigen können. Das heißt »Course Camarguaise«, und wenn Sie die letzte des Jahres diesmal verpassen (sie findet am Sonntag nach dem 11. November in Marsillargues statt), dann haben Sie einen Winter lang Zeit, Hildegard davon zu überzeugen, daß dies eine völlig unspanische Variante des

Stierkampfes ist, ganz ohne Blut. Und dann könnten Sie ab dem ersten Sonntag im März (wieder in Marsillargues) in der nächsten Saison mal schauen, ob Sie der hier grassierenden Tauromanie verfallen. Es werden zwischen März und November in den Departements Bouches-du-Rhône, Gard, Herault und der Vaucluse nicht weniger als 600 »Courses« veranstaltet, bei der Hälfte davon geht es um Preise, was die Angelegenheit spannend und sehr feierlich macht.

Man kann, um das zu sehen, in irgendeine der Arenen gehen, die jede mittlere Kleinstadt vorweisen kann, die Sie aber zum Beispiel in Arles oder Nîmes in der echten, also römischen Ausgabe zwangsläufig besichtigen würden, wenn Sie eine dieser Busreisen gebucht hätten, die Hildegard früher immer gemacht hat, weil man sehr viel Bildung in sehr wenig Zeit bekommt. Es ist besser, Sie haben Zeit. Sie können sich Ihre Bildung aber auch auf der Straße holen, und das ist eine Form, die im Falle der Stiere unglaublich viel Vergnügen macht.

Jedenfalls aber, ob in der Arena oder auf der Straße, geht der Zirkus mit »Carmen« oder etwas ähnlichem los, blechgeblasen, blechgeschmettert vielmehr, und unweigerlich wird Ihnen alsbald die Schwiegermutter mit den Haaren auf der Brust einfallen, aber man darf nicht lachen, weil es selbst in Dörfern ein hochfeierlicher Anlaß ist. Also nur stille Freude.

Sollten Sie in eine richtige Arena gehen (bei den größeren empfiehlt es sich, vorher die Karten zu bestellen, weil man nie weiß), werden Sie es mit einem Schauspiel namens »Capelado« zu tun bekommen. Das wird, vermutlich seit der französischen Revolution (weil darin Kokarden vorkommen), aber jedenfalls seit über 200 Jahren nach einer bestimmten Dramaturgie gespielt. Das Ziel ist es, mittels eines Dreispitzes, der »Crochet« heißt und in Wirklichkeit zum »Decrochieren« dient, zum Vom-Haken-Holen, dem Stier innerhalb von 15 Minuten die diversen Dinge abzunehmen, die auf seinem Kopf befestigt sind, wobei sich eine bestimmte Reihenfolge quasi immer von selbst einstellt. Die Kokarde nämlich, um die es geht, ist ein rotes Bändel oder Tüchlein oder Schleifchen, das mit zwei Schnüren in der Mitte zwischen den Hörnern angebracht ist, also: erst mal eine der beiden Schnüre, sodann die Kokarde. Danach kommen die Troddeln dran, die an den Hörnern baumeln, das erfordert eine erhebliche Agilität vom »Raseteur«, und zuletzt gibt es noch kleine Schnüre, mit denen die Hörner ein paarmal umwickelt sind, die muß der Stier auch noch ausgezogen kriegen, und natürlich paßt ihm das nicht, und das also ist die »Course Camarguaise«, und der »Raseteur« ist also kein Torero, sondern einer, der auf möglichst elegante, schöne und wirkungsvolle Weise am Tier, wörtlich genommen, vorbeirasiert, und damit entfällt die Zuständigkeit des Tierschutzvereins. Daß der »Raseteur«, der auch »Cocardier« heißen kann, im Krankenhaus landet, passiert schon öfter mal, aber Formel 1 ist sicher riskanter, und daran hat Hildegard sich schließlich auch mit der Zeit gewöhnt, letztens hat sie sogar ein Rennen beim Bügeln mit angeschaut. Na also.

Die Stiere hier sind kleiner als die spanischen, aber nicht weniger lebhaft, gelegentlich springt einer über die Bande, gelegentlich kracht so eine Bande auch mal zusammen undsoweiter. Aber die Unterschiede zum düsteren spanischen Hemingway-Spiel sind offensichtlich – hier ist es ebenso spannend, und zwar ganz ohne die sadistische Macho-Komponente, nämlich französisch: amüsant und sehr heiter.

Zum rauschenden Volksfest wird es als »Abrivado«. Das ist die Ausgabe für die Jungen von der Straße. Für die anderen auch, aber die stehen hinter der Abriegelung und schauen normalerweise nur zu. Solange der Stier die Abriegelung respektiert. Wenn nicht, klettern die Zuschauer schnellstens eine Etage rauf, auf Stühle, Tische, Bäume, Fenstersimse. Die Jungen hingegen spielen mit, jedenfalls bei der »Abrivado moderne«, bei der es mehrere Teams gibt.

Stiere leben mit Pferden und deren Hütern in Herden, und diese »Manades« also treten nacheinander gegeneinander an, wobei es darum geht, welche Reitergruppe (pro Stier ca. 2 Reiter) ihre Stiergruppe (zwischen 1 und 8) am elegantesten in Pfeilformation von einem Ende der Stadt ins andere jagen kann, wobei hier die Jugend ins Spiel kommt. Die tut nämlich

— 129 —

alles, um das zu verhindern, indem sie sich einmischt, vom Straßenrand losrennt, sobald die reitende Truppe vorbei ist, und dann versucht, sich den Stieren an den Schwanz zu hängen, sie aus der Ordnung zu bringen, auf jegliche Weise zu irritieren und ganz nebenbei den Mädchen gewaltig zu imponieren.

Vollends gewinnen kann man seine Freundin für sich, wenn man dem Stier im Schwimmbad begegnet, welchem Spektakel Sie nur in der Wirklichkeit begegnen können, weil die Verfasser von Reiseführern die Ankündigung »Taureau Piscine« regelmäßig zu überlesen scheinen, dabei ist es, um leuchtende Augen zu kriegen. Selbst wenn man schon über zwanzig ist.

Es ist abends. Das ist vernünftig. Abends sitzen die Alten zwar immer noch am Straßenrand, essen aber inzwischen die Paella, die an solchen Tagen angesagt ist. Die Jugendlichen haben ihr Sandwich zwischendurch im Stehen verschlungen, weil die Stiere da sind, und da hat man keine Zeit für Menüs und solche Sachen. Und nachher ist Tanzen. Davor muß der Stier ins Schwimmbad. Das Schwimmbad besteht aus einem Karré Strohballen mit einer Vertiefung in der Mitte. Darüber ist eine blaue Plastikplane gebreitet. Da wird Wasser hineingelassen. Die Größe der Wasserfläche beträgt ca. fünf Quadratmeter. Das ist eher klein. Mir ist das zu klein, als daß ich zusehen mag, wie mein Sohn sich nun zur gleichen Zeit in diesem winzigen Wasserloch befindet wie eine schwarze Bestie, die locker 300 Kilo auf die Waage bringt und manch einen »Raseteur« in die Klinik. Aber wenn er das schafft, wenigstens ein oder zwei Sekunden lang, dann hat er 30 Francs gewonnen, das sind genau die fünf Euro, die er im Laufe des späteren Abends für sich und seine Süße in Getränke investieren wird, weil sie vom Tanzen durstig werden.

Wenn Sie also nicht gerade einen Helden im gefährlichen Alter bei sich haben, können Sie getrost zuschauen.

Die Corrida, die spanische Variante des Stierkampfs, ist in Südfrankreich nicht erlaubt. Mit drei Ausnahmen. Eine davon ist Arles. Sollten Sie zufällig während der »Courses« in der Stadt sein, weil Hildegard zu Recht einmal die römischen Thermen oder das Amphitheater sehen möchte, weise ich Sie sicherheitshalber darauf hin, daß die Besucher anschließend eine »Daube« essen, die möglicherweise auch »Gardiane« heißt, weil das ihr provençalischer Name ist, der Sie darauf aufmerksam macht, daß es etwas ist, was die »Gardians« essen, die Sie bewundert haben, als sie – mit ihren weißen Pferden wie seit Hunderten von Jahren verwachsen – die Stiere durch die Straßen jagten. Eine »Daube« kann man aus Rindfleisch machen. Oder aus Stier. Sie sollten sich an diesem Tag überlegen, ob Sie in Arles eine essen mögen. Und unter diesem Gesichtspunkt die Frage der Barbarei noch mal überdenken und gegebenenfalls den nördlich der Alpen gelegenen Regionen und ihren Bewohnern einen Punkt gutschreiben.

Stierfleisch können Sie übrigens in Südfrankreich überall kaufen, es hat die BSE-Krise hier ganz gut abgefangen. Und eine Gardiane sollten Sie probieren, sie macht sich gut zu dem Gigondas, den Sie demnächst öffnen wollen. Wenn Sie sie an normalen Sonntagen essen wollen, tut es ein »Côteaux-du-Languedoc« aber auch. Oder ein »Costière de Nîmes« beispielsweise.

Sensible Seelen nehmen statt des Stiers Rindfleisch, obwohl auch das Rind schließlich gelebt hat, bevor es in den Topf kommt, um dort geschmort zu werden. Ich mache die Daube sehr gern aus einem Teil des Tiers, der in nördlichen Ländern schon längst nicht mehr zum Verkauf angeboten wird, der Backe (»Joue de Bœuf«), weil sie kräftiger wird, als wenn Sie normales Gulaschfleisch nehmen, das in Frankreich natürlich nicht heißt wie in Ungarn, sondern »Bourgignon«, weil im Burgund auch Verfahren entwickelt worden sind, zähes Fleisch weichzukriegen.

Stiergulasch oder Bœuf à la gardiane

Sie rechnen 200 Gramm pro Person, schneiden das Fleisch in große Würfel, wenn es nicht schon gewürfelt ist, und marinieren es erst mal eine Nacht lang, noch besser sind 24 Stunden. Nämlich in

Rotwein (ungefähr ein Glas pro Person), ruhig Ihrem üblichen Merlot, zu dem Sie etliches hinzugeben:
drei grob geschnittene Zwiebeln
drei Nelken
einen Zweig Thymian
einen Zweig Rosmarin
ein oder zwei Lorbeerblätter
Salz und Pfeffer
Im Falle sehr alter Tiere könnte ein halbes Glas Essig nicht schaden.

Am nächsten Tag wird das Fleisch rausgenommen und sorgfältig trockengetupft, wobei Sie feststellen, daß das hiesige Küchenpapier in der Qualität es mit den deutschen Wisch-und-Weg-Produkten nicht aufnehmen kann, sondern hartnäckig am Ochsen festklebt. Sodann braten Sie das Fleisch mitsamt einer kleingeschnittenen Zwiebel in etwas Öl oder ausgelassenem Dörrfleisch an, und wenn es rundherum angebräunt ist, kommt ein Löffel Mehl darüber, das einen Moment mitbräunen soll. Rühren! Die Marinade haben Sie durch einen Filter gegossen und löschen nun damit ab. Jetzt würde es in einem deutschen Rezept heißen: eine Stunde bei kleiner Hitze schmoren. Das würde hier nicht viel nutzen. Also zunächst einmal 45 Minuten bei kleiner Hitze und dann bei sehr kleiner – das ging früher bei den holzbetriebenen Herden sehr gut, da schob man den Topf in die Ecke – noch mal gut zwei Stunden. Da Sie keine sehr kleine Hitze zustande kriegen, müssen Sie immer mal nachschauen, rühren und gegebenenfalls Wein zugießen. Das Originalrezept sieht nun vor, daß Sie, während das vor sich hin schmort, noch eine zweite Mehlschwitze ansetzen, also Mehl in Öl anbräunen, und dort ein Glas Stierblut (das ist wiederum nicht aus Ungarn, also leider kein Wein, sondern echtes Stierblut) dazutun, aber erstens wird das Hildegard nicht gefallen, und zweitens wüßte ich jetzt gerade nicht, wo Sie welches herkriegen, also schmecken Sie nur ab, pfeffern kräftig und leisten sich das Vergnügen, Camargue-Reis dazu zu essen. Er ist teurer als anderer, aber er bietet der Gardiane den geschmacklichen Widerpart, den sie braucht, anderer wäre zu lasch. Salzkartoffeln gehen auch.

Holz und Mistral oder: Feuer

Der Gardiane merken Sie deutlich an, daß wir uns nun der kühlen Jahreszeit nähern, weil Sie im Sommer gar nicht auf die Idee kommen würden, sie zu machen.

Im Sommer werden Sie vermutlich auch nicht auf die Idee gekommen sein, Holz für Ihren Kamin zu besorgen, und damit Sie dieses Versäumnis nicht mit den Holzpreisen bezahlen müssen, die ab Oktober saftig sein können, gebe ich Ihnen den Tip, daß sie zwischen Mai und Juni auf ihren Tiefststand sinken, also denken Sie daran, während Sie noch die Rosen und Irisse genießen, obwohl Sie es nicht glauben mögen, aber es wird kalt. Siehe oben. Holz wird entweder nach Ster verkauft oder nach Tonnen. Da der Ster ein Raummaß ist und die Tonne eine Gewichtseinheit, kann man die beiden nur ungenau vergleichen und kommt dann Pi mal Daumen dahinter, daß ein Ster ungefähr eine halbe Tonne ist. Ihr »Bois de Chauffage« kann »sec« oder »vert«, also trocken oder frisch sein, es kann Eiche oder Buche sein, und wenn es zum Beispiel grünes Obstholz ist, sollte es weniger kosten als trockene Eiche, weil es dann in Ihrem Kamin jedenfalls diesen Winter nur blubbert. Außerdem droht der Schornstein zu verstopfen.

Sie finden Holzhändler in den Gelben Seiten, günstiger ist es, wenn Sie gelegentlich die Aushänge im Supermarkt oder an der Tankstelle studieren.

Sollte Ihnen die abendliche Kühle in diesem Jahr noch nicht so auffallen, weil es über Mittag noch um die dreißig Grad warm ist, dann merken Sie den Herbst jedenfalls daran, daß um Sie herum gekokelt wird, was das Zeug hält. Pünktlich ab dem 1. September. Wie Sie seit Ihrem Picknick mit Yannick und Karine wissen, hält sich nicht jeder daran, daß es in den Sommermonaten verboten ist, Feuer zu machen. Aber am 1. September wird die hiesige Pyromanie ganz offiziell und legal entfesselt, der Himmel ist überall ziemlich verqualmt, und am Qualm können Sie genau erkennen, ob da jemand nur seine Gartenabfälle oder seinen Feldrand verbrennt oder seine alten Reifen gleich noch mit. Am Geruch auch. Sollten Ihnen in diesem Zusammenhang besorgte Gedanken wegen der Qualität der Luft undsoweiter durch den Kopf schießen, bleiben Sie ruhig, sagen Sie sich, daß Sie Gast hier sind, und rechnen Sie mit dem Naturell der Südfranzosen: Veränderungen brauchen hier länger als anderswo, aber irgendwann vollziehen sie sich, weil die Vernunft hier in der Regel auf langer Strecke siegt, aber die Gewohnheiten sitzen tief, weshalb zum Beispiel Ihr Kamin, wenn Sie ihn sich einmal genau anschauen, keinerlei kompliziertes Filtersystem der Art eingebaut bekommen hat, wie sie anderswo in Europa längst Normvorschrift ist; bei Ihnen geht der Qualm nach oben ganz einfach aus dem Schornstein raus, den Sie jetzt allerdings inspizieren lassen sollten, weil das wiederum hier Vorschrift ist. Einmal im Jahr.

Nicht daß sich jemand darum kümmert, ob Sie den Schornsteinfeger bestellen oder nicht. Es kümmert sich überhaupt niemand darum, was Sie tun und was nicht. Wenn Sie es allerdings nicht tun, zahlt gegebenenfalls die Versicherung nicht, die Sie natürlich längst abgeschlossen haben, die Ihnen aber auch nichts vom Schornsteinfeger gesagt hat.

Worum sich auch niemand kümmert: Ob Sie Hühner halten (das dürfen Sie ohne weiteres), ob Sie die Garage, die Ihnen Monsieur Lacombe gebaut hat, bei der Steuer anmelden (sie ist grundsteuerpflichtig), ob der Baum, den Sie pflanzen, den vorgeschriebenen Mindestabstand zum Nachbargrundstück einhält (es gibt einen, aber kein Mensch hält ihn ein) und viele andere Dinge, die deshalb ein wenig tückisch sind, weil einige davon tatsächlich wichtig sind und Sie ganz einfach nichts davon wissen, weil sich eben keiner darum kümmert und Ihnen keiner was davon sagt. Das ist irritierend, wenn man aus einem Land kommt, in dem das »Darf ich« oder »Darf ich nicht« einen von morgens bis spät begleitet.

Eines der sehr wenigen »Muß ich«, die Sie hier unbedingt befolgen sollten, wenn Sie ein Grundstück besitzen, ist mir erst aufgefallen, nachdem in meinem Wohnort nach Kommunalwahlen eine neue Verwaltung auf den glänzenden Gedanken kam, alle Haushalte per Wurfzettel davon zu unterrichten. Anfang des Sommers sind Sie unbedingt verpflichtet, Ihr Grundstück zu »débroussaillieren«. Natürlich wird Ihnen, wenn Sie das unterlassen, hinterher keiner nachweisen können, daß Sie es nicht getan haben, weil nämlich nicht nur Ihr Haus und Grundstück abgebrannt ist, sondern womöglich der halbe Ort gleich noch mit oder die Garrigue hinter dem Ort, aber das wäre kein guter Ausgang Ihres Traums vom Süden. Es wäre ein Alptraum, der im übrigen schwer einzuschätzen ist, wenn man mit dem Süden nicht vertraut ist, den Mistral nur dem Namen nach kennt und von einem Tramontane meistens nicht weiß, daß es den überhaupt gibt. Aber beide sind sehr schnell, sehr trocken und sehr gefährlich, daher mein eindringlicher Rat: Gehen Sie unbedingt Anfang Juni daran, alles trockene Gestrüpp, überhaupt alles Brennbare, von Ihrem Terrain möglichst gründlich zu entfernen. Und denken Sie auch auf Spaziergängen daran: eine auch nur etwas nachlässig ausgetretene Zigarette, und die Landschaft brennt wie Zunder. Die Folgen können Sie sehen, wenn Sie auf der A 7 (E 80) Richtung Marseille fahren. Kurz vor der Ausfahrt Fos sur Mer. Schauen Sie nach links. Oder auf der A 9, die auch Languedocienne heißt. Zwischen Nîmes Est und Nîmes Centre rechts. Oder da, wo ich wohne. Oder da, wo Sie wohnen. Einfach überall.

Was den Mistral betrifft, so sollten Sie ihn auf diesen beiden Autobahnen auch dann im Kopf haben, wenn gerade nicht die Hinweisschilder »Vent violent – Soyez prudent« aufleuchten, die Ihnen aus gutem Grund nahelegen, vorsichtig zu fahren – er kann sehr plötzlich kommen, in Attacken, unregelmäßig und ganz einfach gemein. Vielleicht hat im übrigen Hildegard den wunderbaren Roman »Der Wind« von Claude Simon gelesen, fragen Sie sie mal. Da steht einiges über ihn drin. Da steht überhaupt einiges darüber drin, wie es hier gewesen sein muß, Anfang der sechziger Jahre, vor gerade mal vierzig Jahren also, und wenn Sie das lesen, können Sie nachvollziehen, was ich gemeint habe, als ich sagte, das 19. Jahrhundert ist noch nicht so weit weg, und die Dinge ändern sich langsam, aber sie ändern sich.

Der Mistral ändert sich nicht, er prägt das Land. Er sorgt dafür, daß der großartige Rosé in Tavel (der anerkannt beste Frankreichs) praktisch ohne Chemie auskommt, weil er die Pflanzen desinfiziert. Er kann bei Ihnen anfangs Herzstolpern auslösen. Manche finden ihn »angoissant«, beängstigend, und er kann tatsächlich das Gemüt beeinträchtigen. Er ist überall, und selbst wenn man im Haus bleibt, um ihm zu entkommen, hilft es nichts. Da ist er auch. Es heißt, er bleibt einen Tag oder drei Tage oder fünf oder sieben oder elf. Ab elf spätestens schränkt er die Zurechnungsfähigkeit ein, und es kann leicht passieren, daß Ihnen ein verwirrtes Tier auf die Kühlerhaube springt. Selbst die Vögel werden dann beunruhigend still, verlieren die Orientierung und torkeln durch die Gegend.

Sicherheitshalber sollten Sie an solchen Tagen nicht im Freien − auch nicht bei Ihnen auf der Terrasse − grillen, aber auch ohne Mistral (Nordwest) oder Tramontane (Nord) empfehle ich Ihnen mit Nachdruck, im Sommer kein Barbecue ohne eine große Gießkanne Wasser bzw. den Gartenschlauch in der Nähe zu veranstalten. Ein fliegender Funke kann reichen.

Kurz nach Neujahr wird es bei Ihnen klingeln oder klopfen. Es werden zwei Feuerwehrmänner vor der Tür stehen, ein gutes Jahr wünschen und Ihnen einen Kalender schenken, auf dem die beiden und ihre gesamte Brigade, die meisten davon freiwillige Mitarbeiter, abgebildet sind. Das Foto hat ein Amateurfotograf geschossen, aber bei der Gelegenheit können Sie wieder einmal an der deutsch-französischen Freundschaft und am Abbau von Vorurteilen arbeiten, indem Sie Ihrerseits Ihrem Neujahrswunsch durch die Überreichung einer Geldsumme recht herzlichen Nachdruck verschaffen. Sie sollte möglichst nicht unter fünfzehn Euro liegen. Zwanzig wären besser. Nach oben ist die Herzlichkeitsskala offen, und wenn Sie erst ein paarmal beobachtet haben, was die Männer leisten, werden Sie beträchtliche Herzlichkeit für sie empfinden.

Die südfranzösische Pyromanie hat kulinarisch einiges hervorgebracht, was ganz bemerkenswert ist. Natürlich wird hier gegrillt wie verrückt, und kein Nachbar würde sich jemals darüber beschweren, daß es nach Grill riecht und daß die Vorhänge nach Grill aussehen. Der Phantasie der Barbecue-Rösterei sind keine Grenzen gesetzt, und ich weise Sie nur darauf hin, daß überall Wachteln im Handel sind, die man über dem Feuer auf den Drehspieß stecken kann, und wenn man keinen hat, macht man sie »à la crapaudine«, nämlich so krötenförmig, wie sie eben aussehen, wenn sie halbiert und vorsichtig platt gedrückt werden. Wachteln werden übrigens mit Kopf verkauft und in Restaurants auch mit Kopf serviert. Nur daß Sie das wissen. Sonstiges Geflügel, sofern Sie es nicht im Supermarkt kaufen, wofür ich wiederum keinen Grund sehe, weil das vom Produzenten besser schmeckt und weniger kostet, hat ebenfalls noch den Kopf dran, aber man macht ihn Ihnen gern auf Wunsch ab.

Nach dem Rezept eines befreundeten Kochs kann ich Ihnen Muscheln vom Grill empfehlen.

Sie brauchen nichts weiter als geputzte Miesmuscheln (fließend Wasser und mit einem kleinen Messer den Bart abschneiden, offene oder beschädigte Muscheln wegschmeißen), Butter und Zitronensaft.

Die Muscheln kommen in eine große Paellapfanne – Spanien läßt grüßen, und die Anschaffung ist preiswert und sinnvoll, eine einfache Pfanne tut es auch, nur groß muß sie sein – die man auf den Holzkohlengrill stellt. Die Muscheln kommen in die Pfanne, die Pfanne kommt aufs Feuer. Das ist alles. Die Butter wird zerlassen, mit Salz und Pfeffer gewürzt und mit Zitronensaft nach Belieben gesäuert. Wunderbarerweise öffnen sich alle Muscheln im Handumdrehen (die, die sich nicht öffnen, werden auch nicht gegessen), jeder bekommt ein kleines Schälchen mit flüssiger Zitronenbutter, die Muscheln stehen in einer großen Schüssel auf dem Tisch, Brot natürlich auch, und das gibt es bei dem Koch als Vorspeise oder zum Apéritif.

Und noch etwas hat man – im Roussillon jedenfalls – von den Nachbarn übernommen, die katalanische

Cargolade

Da geht es um »Escargots«, um Schnecken, die sowohl in Spanien als auch in Frankreich durch Hunderte von Rezepten in Delikatessen verwandelt werden. Die Cargolade ist früher eine Ostermontags-Zeremonie gewesen.

Sie werden sie nicht selbst machen, im Roussillon aber könnte es Ihnen passieren, daß man Sie dazu einlädt, und da ist es nicht schlecht, wenn Sie kursorisch wissen, daß dafür Schnecken gesammelt und mehrere Tage in einer Kiste mit nichts als Thymian darin und einem gut schließenden Deckel darauf gleichzeitig gesäubert und aromatisiert werden, dann mit einer Salz-

Essig-Mischung sorgfältig gereinigt und etliche Male mit Wasser klargespült werden.

Das Mahl geht mit grünen Oliven los, die entweder gefüllt sind, also mit Mandeln, Paprika oder Sardellen, oder – unwahrscheinlicher im Südwesten – »au pistou«, d. h. in einer eher italienischen Soße aus Basilikum, Knoblauch und Öl. Es folgen Teller mit getrockneter Salami und Schinken, und dann geht es los, und Sie können mit Hildegard besser schon vorher die Frage diskutiert haben, ob der Tierschutzverein auch für Schnecken zuständig ist, weil es jetzt dafür zu spät ist. Entfacht wird nämlich ein Feuer, und zwar nicht an Holzkohlen, sondern an alten Weinstöcken, die ich Ihnen auch für sonstige Kokeleien ans Herz legen möchte: Man kann sie sich mit einigem Glück von benachbarten Winzern oder um irgendwelche Ecken besorgen, sie verbergen sich hinter den Wörtern »Souches«, »Sarmentes« oder »Ceps de Vignes« und veredeln selbst einfache Würstchen. Für die Cargolade sind sie unentbehrlich.

Die Schnecken werden mit einer Mischung aus Salz und gemahlenem Piment ziemlich scharf gewürzt und kommen sodann, Öffnung nach oben, auf einen speziellen Grill, der Sie an Fußabtreter erinnern wird; nur feinmaschiger. Man rechnet, halten Sie sich fest, um die 50 Schnecken pro Person. Sobald die Schnecken über dem Feuer anfangen zu brutzeln, werden sie »getauft«. Dazu wird Speck aufgespießt, über die Glut gehalten, und das Fett wird in die Schneckenöffnungen getropft. Die Tierchen werden dann vom Grill runter sehr heiß gegessen. Dazu gibt es Brot, das Sie beliebig in Aïoli tunken können, nur passen Sie dabei etwas auf, sonst ist kein Platz mehr für die anschließenden gegrillten Blutwürste, ganz zu schweigen von den Lammkoteletts danach, mit denen diese Orgie zumindest feuermäßig beschlossen wäre, denn der folgende Roquefort kommt nicht vom Grill, und zu Ende ist die Völlerei erst nach dem Dessert, das aus kleinen zuckrigen Anisküchlein besteht.

Die Gespräche drehen sich die ganze Zeit erbarmungslos um Schnecken, die ein unerschöpfliches Thema sind, und wenn Sie Kinder haben, kommt unweigerlich der Augenblick, wo die in Erfahrung bringen, daß samstags einer auf dem Markt steht, der Schnecken dutzendweise und nach Größe bezahlt und man also mit Schneckensammeln als Kind ein kleines Vermögen machen kann etwa der Größe, wie Sie sich erinnern, daß man es in Ihrer Kindheit mit Kastaniensammeln für die Winterfütterung der Rehe machen konnte.

Provence forever

So ein Jahr in Südfrankreich, mit oder ohne Cargolade, mit oder ohne die Unterbrechungen, die es braucht, um in Wetzlar oder Jüterbog, angestellt oder selbständig, Geld zu verdienen und sich währenddessen gedanklich immer häufiger hierherzubeamen, bringt es unweigerlich mit sich, daß man Vergleiche zwischen hier und dort anstellt und mit großer Wahrscheinlichkeit zu dem Ergebnis kommt: Im Süden lebt es sich, bei aller anhaltenden Befremdlichkeit und mit allen Überraschungen, ganz einfach besser. Verlockend der Gedanke, fest und für immer dort zu leben, aber. Über dieses »Aber« ist sorgfältig nachzudenken.

Zunächst: Nichts geht in dem Fall ohne die Sprache. Mit Radebrechen ist es ab dann nicht mehr getan. Und die Sprache kommt auch nicht einfach so herbei, durchs Leben, wie manche denken. Sie muß auf einem ordentlichen Niveau gelernt sein und werden. Das gilt übrigens nicht nur im Süden, sondern für das Hexagon ganz allgemein, in dem traditionell das Wort eine gewaltige Rolle spielt.

— 145 —

Es reicht also nicht, daß Hildegard ihr Schulfranzösisch schon im vergangenen Jahr ganz passabel aufpoliert hat und Sie zwei Jahre Latein hatten und ansonsten durch den Beruf natürlich eher mit Englisch zu tun haben. Sehr vieles im Süden funktioniert darüber, daß sich die Menschen in die Augen gucken und – übers Erzählen, über Anerkennung durch Sprache. Dazu brauchen Sie eine gewisse Ausdruckssouveränität, und zwar in Ihrem Interesse. Es gibt eine Menge Leute, die rasch einen Volkshochschulkurs absolviert haben, bevor sie nach Südfrankreich zogen, und dann haben sie natürlich nicht genau verstanden, was ihnen die Bankangestellte erklärt hat oder warum sie die vermaledeite Isolierschicht in ihrem feuchten Keller brauchen, und wenn man nicht versteht, was der andere sagt, fühlt man sich nicht »à l'aise«, sondern ungemütlich, und sehr leicht wird man dann argwöhnisch. Wenn das oft oder regelmäßig passiert, wird das Mißtrauen sich steigern, und ich habe schon akute Paranoia beobachtet. Deshalb: Es kann Ihnen (ein paar Hochburgen des Tourismus ausgenommen) kaum passieren, daß man Sie in Südfrankreich übers Ohr hauen will. Aber diese äußerst angenehme Erfahrung können Sie leider nur machen, wenn Sie mindestens zu drei Vierteln verstehen, was der andere sagt.

Vorausgesetzt, die Sprache ist kein Problem, kommt sofort die Frage: Wie ist es mit den Arbeitsplätzen? Und auch da verhält sich die Sache eindeutig. Es gibt keine. Nicht wenn Sie hier anfangen zu suchen. Tun Sie es also von Deutschland aus, über eine der internationalen Vermittlungsstellen, die Ihnen auch behilflich sein wird, die erforderliche »Carte de Travail« zu erhalten, die ähnlich mysteriös ist wie die schon erwähnte »Carte de Séjour«. Beide brauchen Sie, wenn Sie hier Arbeit aufnehmen wollen, was Sie natürlich als Bürger der EU ohne weiteres dürfen.

Sollten Sie – sehr viele tun das – daran denken, sich hier zu »débrouillieren«, also erst einmal ankommen, dann weitersehen und sich dann schon irgendwie durchwursteln und schließlich irgendwas finden, brauchen Sie neben dem Bausparvertrag für Ihr Haus noch ein ziemlich erhebliches Guthaben auf der Bank, andernfalls könnte es nur mit jugendlichem Abenteuersinn und der dazugehörigen Entbehrungsbereitschaft klappen. Denn zwar ist es so, daß sich ein Großteil der Bevölkerung in Südfrankreich irgendwie durchschlägt, häufig auch mal den Job wechselt und gelegentlich streckenweise gar keine Arbeit hat, aber diese Lebensweise ist den Hiesigen vorbehalten oder denen, die schon so lange hier sind, daß sie ein Teil der freundschaftlichen regionalen Beziehungsnetze geworden sind und ihr auswärtiger Status in Vergessenheit geraten ist. In diesem Punkt ist der erwähnte Roman von Claude Simon erbarmungslos aktuell.

Leben dürfen Sie hier, aber Geld verdienen sollten Sie möglichst woanders. Es gibt natürlich Ausnahmen.

Da ist zum Beispiel Luc. Der kommt eigentlich aus

Paris. Hier hat er ein großes Haus mit Scheune gekauft. Die Scheune hat er zum Tonstudio ausgebaut. Die Gruppen kommen ein bißchen von überall, reisen bei Luc an, können bei ihm wohnen, und er nimmt jede Menge Rap und Techno auf. So etwas kann funktionieren.

Oder David. David ist auch nicht aus der Region. Er hatte die Idee, ein Montgolfière-Unternehmen zu starten. Bis das in Gang kam, war es nicht schlecht, daß seine Frau mit der Betreuung eines alten Ehepaars ein Halbtagseinkommen fand.

Marcellos Familie hat ein Problem: Sie sind Schweizer, und da die Schweiz nicht zur EU gehört, bekommen Schweizer in Frankreich keine Arbeitsgenehmigung, weshalb Marie-Anne ihre Qualifikationen als Krankenschwester inzwischen auf dem inoffiziellen Dienstleistungssektor verwertet (sie sind schon sehr lange hier), während Marcello weiterhin einmal im Monat in einer Klinik in der Schweiz so viele Schichten schiebt, daß er anschließend zu Hause erst einmal zwei Tage durchschläft.

Judy kommt aus Amerika. Sie ist eine geniale Seidenmalerin. Seide gibt es hier. Aber keinen ergiebigen Markt für ihre Luxusartikel. Den gibt es in Paris. Der Zug von Marseille nach Paris braucht keine drei Stunden.

So oder so ähnlich sehen die Projekte aus, mit denen man den Gelderwerb mit dem Leben hier verbinden kann, und Sie sollten neben einem gewissen finanziellen Polster einen ausgeprägten Unternehmungsgeist, unbedingt ein Konzept, Geduld und Courage haben, wenn Sie sich auf so etwas einlassen wollen.

Wenn es gutgeht, werden Ihre Kinder es Ihnen allerdings danken. Sofern Sie welche haben. Sofern Sie keine haben, weil Hildegard ihren karriereverdächtigen Job im Kulturdezernat in Bad Godesberg nicht gefährden wollte, dann könnte es sein, daß sie es sich bei Gelegenheit anders überlegt.

Erotiquetiquetique

Es gibt eine ganze Reihe von Kulturschocks, die auf jemanden warten, der sich, aus Deutschland kommend, im Süden »installiert«. Manche treffen einen sofort, andere schubweise und erst im Laufe der Zeit, aber dafür um so nachhaltiger. Eines Tages also werden Sie sich bewußt, daß die Beziehungen zwischen den Menschen hier irgendwie anders sind. Dieses »Irgendwie« ist nicht unangenehm, überhaupt nicht, aber Sie wüßten jetzt gern, was das ist, das irgendwie anders ist. Und mit einmal fällt es Ihnen wie Schuppen von den Augen.★ Es gibt keinen Geschlechterkrieg. Nicht den, den Sie kennen. Es gibt ihn nicht. Punkt. Das ist ein ziemliches Ding, wenn man gewohnt ist, die unverträglichsten Antagonismen zwischen Männern und Frauen gewissermaßen als Natur-

---

★ Jeder Südfranzose würde mir bei dem, was ich Ihnen jetzt zu sagen im Begriff bin, heftig widersprechen, aber es hilft nichts, denn von jenem Land, aus dem ich komme und mit dem ich folglich meine hiesigen Erfahrungen vergleiche, kennt er nur Derrick, und also kann er nicht wirklich beurteilen, wie dort die Lage ist, und also sage ich es doch.

konstante zu betrachten und vor allem in endlosen Debatten und Zankereien zu thematisieren oder zu zelebrieren. Aber das ist noch nicht einmal alles: Es gibt auch keinen Generationenkonflikt.

Zwei Grundpfeiler der deutschen Konfliktkultur zerfallen eines Tages, sinken still und leise in Grund und Boden und sind weg. Machen Sie sich darauf gefaßt, daß es Sie umhauen könnte. Mich hat es umgehauen. Natürlich sage ich nicht, daß sich die Menschen hier Tag und Nacht lieben und innig vertragen. Das tun sie natürlich nicht, im Gegenteil – ich erwähnte das schon, der französische Harmoniebedarf ist nicht besonders ausgeprägt, die Scheidungsrate ist ziemlich hoch. Aber die Bereitschaft, das zu dramatisieren, die wiederum ist ziemlich gering. Niemand tut es.

Wenn Sie sich jetzt erinnern: Als Yannick und Karine Ihnen erzählt haben, daß Karines Vater sich von der Mutter getrennt hat, hat Hildegard gesagt, die arme Frau, erst hat sie drei Kinder großgezogen, sich abgerackert, dazu der Job bei der Versicherung, damit der Anbau bezahlt werden konnte, und jetzt im Alter, wo sie das Leben genießen könnte, läßt der Mann sie sitzen und haut mit einer Jüngeren ab. Karine hat verständnislos geguckt. Eines Tages haben Sie Karines Mutter getroffen, wie sie ihren Gartenzaun lackiert hat. Sie sah mit ihren 63 Jahren ausgesprochen schick aus, keinesfalls niedergeschlagen, sondern rundherum vital. Inzwischen ist ein Mann bei ihr eingezogen.

Der macht sich im Haus zu schaffen. Seit er da ist, hat Karines Mutter nicht mehr so sehr übertriebene Lust, an den Mittwochnachmittagen die Enkel zu hüten und überhaupt die Oma zu machen, mit Apfelkuchen undsoweiter. Am Wochenende fahren die beiden neuerdings immer weg. Die Kinder amüsieren sich darüber und müssen allerdings die nachmittägliche Betreuung ihrer eigenen Kinder mittwochs vorerst neu organisieren. Zum Beispiel so wie Laurent, der an diesem Tag seine Autowerkstatt einfach geschlossen hält.

Man könnte denken, das sei ja nun alles Friede, Freude undsoweiter, und es ist sehr schwer zu erklären, daß es das in Wirklichkeit überhaupt nicht ist, weil man es hier mit dem Winkel der südlichen Seele zu tun bekommt, der der deutschen entschieden am fremdesten ist, nämlich einem gewissen sehr lebhaften Gleichmut gegenüber dem Leben. C'est la vie, Zorn und Lust inbegriffen, aber keinerlei Genuß am Leiden und an der Selbstzerfleischung.

Dies ist vielleicht der Moment für eine der schönsten Geschichten, die ich hier erlebt habe und schon seit einigen Jahren gern einmal erzählen möchte:

Es ist Winter. Die Winter hier sind, vorsichtig gesagt, mit Ausnahme der Trüffelmärkte, recht ereignisarm, Feste gibt es im Sommer. Im Vorbeifahren entdecken wir in einer größeren Stadt den Hinweis darauf, daß auf dem Messeplatz am nächsten Wochenende eine Erotikmesse stattfinden wird. Bei der Gelegenheit fällt uns auf, daß uns in den etlichen Jahren hier noch niemals ein Unternehmen der Art aufgefallen ist, die Beate Uhse reich gemacht hat. (Es gibt welche, aber sehr wenige.) Sonderbar. Das wollen wir uns ansehen. Das müssen sich die Bewohner dieser Stadt auch gesagt haben, am Sonntag stehen sie in einer langen Schlange vor dem Eingang, obwohl der Eintritt recht teuer ist. Das Publikum besteht aus gemischten Paaren oder: Familien (allerdings ohne Kinder, die dürfen nicht rein). Das heißt im ungeheuerlichen Klartext, daß es hier Leute gibt, die mit ihren Eltern eine Erotikmesse besuchen. Keine Einzelbesucher, keine gleichgeschlechtlichen Paare. Drinnen dann Stände, es sind um die dreißig Aussteller der üblichen Spielwaren da. Sie sind aus Holland und Deutschland angereist und haben Mühe zu begreifen, was sich nun abspielt. Die Besucher gehen sehr interessiert, neugierig, höflich erstaunt herum, nehmen die diversen Gegenstände in die Hand, drehen und wenden sie, um sich über ihren Verwendungszweck klarzuwerden, diskutieren angeregt die verschiedenen Hypothesen, sind gelegentlich ratlos angesichts der Extremspielwaren, und dann fragen sie unverblümt, wozu das sein soll. Der Aussteller kratzt sich am Kopf und seine Sprachkenntnisse zusammen und tut, was er kann, manchmal auch auf englisch, und jetzt kommt das Furchtbare: erlebt sodann, wie die Leute in schallendes Lachen ausbrechen. Die gespannte Stimmung vor der Kasse verwandelt sich in lautere Fröhlichkeit im Saal, in dem nach einer Weile von einem Conférencier eine Striptease-Show angekündigt wird. Alles strömt zum Striptease. Vor der Bühne Klappstühle und wieder Stille – mal sehen, was jetzt kommt. Und es passiert wieder. Der Striptease ist einwandfrei und geht durch, aber bei der nächsten Nummer, bei der ein freiwilliger Mitspieler aus dem widerstrebenden Publikum von der Dame zunächst bis auf die Boxershorts entkleidet und sodann mit einer glibberigen Substanz eingeseift wird, ist Schluß: Irgend jemand verfällt in Heiterkeit und prustet los; das steckt an, der Eingeseifte möchte zunächst flüchten, muß aber dann auch mitlachen, und die Dame hat Mühe, ihren Auftritt zu Ende zu bringen, sie versteht die Welt nicht mehr, weil Striptease mit glibberigen Substanzen schließlich nicht komisch ist, und die Idioten da unten lachen auf ihren Klappstühlen wie die Kinder beim Kasperletheater. Kein verklemmtes oder verlegenes Stammtischlachen, sondern ganz unschuldig, aufrichtig, herzlich. Vor allem ansteckend. Beim zweiten Rundgang haben wir dann drei französische Aussteller entdeckt, die so umlagert waren, daß wir sie beim ersten Mal nicht gesehen hatten, und sie hatten tatsächlich sehr elegante Dessous, wie Sie sie in jedem guten französischen Wäschegeschäft finden.

Danach ist uns eingefallen, daß die Kinder dieser Leute im Wasser ja auch keine Schwimmflügel brauchen. Oder sonstige Plastiksachen.

Während anderswo Alarmstimmung wegen sinkender Geburtenraten herrscht, ist man in Frankreich gelassen und stolz: wieder gestiegen. Unser Autohändler hat inzwischen das fünfte Kind.

Zum strukturellen Liebesfrieden tragen mehrere gesamtfranzösische Umstände bei, die rasch aufgezählt sind. Unschätzbar an erster Stelle rangiert die selbstverständliche Akzeptanz der Berufstätigkeit von Müttern. Daraus folgt zwangsläufig, daß die Männer einen großen Teil der Familienarbeit übernehmen, in der Regel den Wocheneinkauf im Supermarkt, Auto, Motor, Technik, oft Garten und sämtliche »Bricolage« am Haus. In dieser Zeit sind sie da. Anwesend. Nicht so anwesend hingegen sind die Kinder, weil sie bekanntlich ab dem dritten Lebensjahr aushausig sind und zunächst halbtags in die Vorschule gehen, später genießen ihre Eltern die Vorzüge der Ganztagsschule.

Überall in Frankreich, aber im Süden noch etwas ausgeprägter, gilt unangefochten das Modell der Familie als die erfolgversprechendste Lebensform, sie wird ab dem zweiten Kind in sozial labilen Familien finanziell mit kräftigen Zuschüssen gefördert, und ein gelungenes Familienleben wird mit sozialer Anerkennung belohnt, weshalb ich Sie oben gebeten habe, nicht unwirsch zu reagieren, wenn Hildegard Ihnen im Restaurant mit der Gabel auf Ihrem Teller herumfuhrwerkt.

Daß hinter der Darstellung eines gelungenen Fami-

— 155 —

lienlebens Abgründe lauern können, ist – von hier aus gesehen – Chabrols Problem.

Und je länger Hildegard sich das ansieht, wie reibungslos, selbstverständlich und unbelastet es aussieht, um so unklarer könnte ihr werden, warum das nicht gehen sollte. Und in der Tat: Es könnte gehen.

Bei Schnee geht keiner zur Schule

Die in manchen Ländern ganz geläufige Auffassung, daß der Staat ganztägig die Verantwortung für künftige Bürger zu übernehmen hat – also auch für Mittagessen und Gestaltung der freien Stunden sorgen muß – hat nicht nur zu beachtlichen Ergebnissen in der Pisa-Studie geführt, sondern ermöglicht erst einmal ein im deutschen Bildungssektor undenkbar entspanntes Verhältnis zwischen Lehrern auf der einen Seite und Eltern auf der anderen. In Frankreich kommt hinzu, daß der Staat diese Verantwortung strikt exklusive irgendwelcher pädagogischer Maßnahmen oder Konzepte begreift.

Die südfranzösische Variante dieser Entspannung und Exklusivität ist vielleicht sogar noch ein wenig entspannter. Man könnte sie lax nennen.

Wer die endlosen Elternabende mit den absurden Diskussionen kennt, die das Leben vom Grundschulalter an für jeden denkenden Menschen, der sich zur Teilnahme daran genötigt weiß, arg beeinträchtigen, wird zunächst einmal annehmen, hier sei das Paradies ausgebrochen. Das Paradies ist leider nicht ausgebrochen, aber das merken Sie erst später, also genießen Sie so lange erst einmal, daß zwischen Eltern und Lehrern nicht nur gegenseitige Duldung, sondern geradezu strikte Gewaltenteilung herrscht: Niemals wird ein Lehrer Sie für die mäßigen Leistungen Ihrer Sprößlinge haftbar machen, niemals werden Rückschlüsse von der mangelhaften Beherrschung mathematischer Formeln auf die familiären oder sozialen Hintergründe eines Kindes gezogen, Elternabende entfallen, und wenn Sie sich durchaus in irgendeiner Angelegenheit mit einem Lehrer besprechen wollen, dann sollte das schon ein dringender Anlaß sein oder Anfang September stattfinden, da wird nämlich in allen Schulen eine Art Elternsprechtag veranstaltet. »Eine Art« sage ich, weil dies nichts mit dem zu tun hat, was Sie als Elternsprechtag kennen, sondern zwar, wie wahrscheinlich weltweit üblich, jeder Lehrer in einem Klassenraum sitzt, vor den Räumen bilden sich lange Elternschlangen, und wenn Sie endlich dran sind, wird Ihnen der Lehrer von einem Blatt Papier die schulischen Ergebnisse Ihres Kindes in seinem Fach vorlesen. Die kennen Sie schon, weil Sie dreimal im Jahr Zeugnisse nach Hause geschickt kriegen. Das war's. Sie gehen mit der sicheren Ahnung aus dem Raum, daß der Lehrer soeben keinesfalls wußte, um welchen Schüler es ging.

Daß das französische Schulsystem zentralistisch funktioniert, hat den Vorteil, daß parallel im ganzen Land derselbe Stoff behandelt wird, jedenfalls theoretisch. Damit sitzen Sie und alle anderen Eltern im selben Boot. Der Stoff ist im Prinzip bekannt, weil man Bücher kaufen kann, wo er drinsteht. Man kann ihn sich auch übers Internet besorgen, ebenso wie eine ausgefeilte Hausaufgabenhilfe. Die Prüfungen sind ebenfalls landesweit dieselben. Das klingt alles sehr transparent, und Lehrer haben demgemäß einen wesentlich geringeren Spielraum bei ihrer Arbeit als in Deutschland. Denkt man.

Was den Süden betrifft, irrt man da.

Ich nehme an, es hat mit dem gebrochenen Verhältnis der Region zur Staatsmacht und dem entsprechend stiefmütterlichen Verhältnis der Staatsmacht zur Region zu tun, aber der Midi ist im schulischen Bereich tendenziell so anarchisch wie in anderen auch. Die Schule unseres Sohnes beispielsweise war eine Zeitlang lebensgefährlich. Da brach die Decke ein, die Wände wackelten, über dem Salat, der das dreigängige Mittagsmenü in der Kantine begleitete, schwirrten Schimmelfliegen. Die Qualifikationen der Lehrer wurden allseits angezweifelt, wenn nicht geleugnet, die Notengebung erfolgte nach einem rechnerischen Verfahren, das den Verdacht auf blanke Willkür nahelegte, schließlich wurden Proteste laut, die Schule wurde einstweilen geschlossen. Und sie war nicht die einzige Schule der Gegend, in der die Dinge so lagen. Die große Streikwelle, die vor einigen Jahren durch die Schulen des Landes lief und sogar die deutschen

Nachrichtenkanäle erreichte, ging vom Süden aus, von den Gymnasien in Nîmes.

Die bildungspolitische Vernachlässigung geht natürlich Hand in Hand mit der speziellen Lebensauffassung im Süden, der es mit den verschiedenen »Muß ich« nur im äußersten Notfall ganz genau nehmen mag, und so ist es allgemein völlig unproblematisch, je nach Wetterlage zum Beispiel zu beschließen, daß heute lieber keine Schule sein sollte. Schule ist schließlich in Frankreich ein Recht und nicht Pflicht. Das sieht dann so aus, daß sie an Regentagen deutlich weniger frequentiert wird als an trockenen, und bei Schnee fällt sie auf dem Land jedenfalls praktisch aus; darüber entscheiden vermutlich die Schulbusfahrer nach einem morgendlichen Blick aus dem Fenster: Sie bleiben zu Haus, und die drei Kinder pro Klasse, die dennoch hinkommen, lohnt es sich nicht zu unterrichten.

Geschwänzt hingegen wird nicht, und für den Schneetag gibt es das grüne Licht von den Eltern, die zwei Tage später davon benachrichtigt werden, daß ihr Sohn oder ihre Tochter dann und dann abwesend war; sie tragen in die Benachrichtigung einen Grund ein und haben jede Fehlstunde zu unterschreiben. Das Recht auf Schule übrigens gefährdet, wer sich widrig verhält. Statt des uns bekannten Eintrags ins Klassenbuch oder sonstiger pädagogischer Maßnahmen setzt es dann Schulentzug, beim erstenmal drei Tage, das kann sich steigern. Ich habe in zehn Jahren nur einmal erlebt, daß die Strafe verhängt werden mußte, und der Junge, den es getroffen hat, hat sehr darunter gelitten.

Was unterrichtet wird, ist möglicherweise staatlich geregelt und festgelegt, kann aber um bis zu 90 Prozent von dem abweichen, was als Unterrichtsstoff ausgewiesen wird. Daß man diesem selbst im übrigen irgendeinen Sinn abgewinnen könnte, habe ich noch von keiner Stelle gehört, also können die Abweichungen nicht schaden, sie machen die Schule allerdings lästigerweise vollkommen unberechenbar.

Überraschend ist bei der Methode des ziemlich allgemeinen Laisser-faire, daß Kinder und Jugendliche überdurchschnittlich gut geraten. Sie machen ihren Weg. Sie sind durch die ganzen Tage, die sie miteinander verbringen, an Gruppen gewöhnt, die sich mit minimaler erwachsener Einmischung ungefähr selbst sozialisieren, und abends ist der Rückzug in die Familie selbstverständlich. Es gibt keine Disziplinprobleme für Lehrer, weil die Schüler überwiegend sozialverträglich und von erstaunlicher Höflichkeit sind. Sie geben sich untereinander die Hand oder im Freundschaftsfall die besagten drei Küsse, der Lehrer ist »Monsieur« und nicht der Sowieso, die Lehrerin heißt »Madame«.

Kurz: Die Form sitzt, ohne jedoch zu drücken. Konfliktstrategien werden hier offenbar angeboren oder auf geheimnisvolle Weise subkutan erworben,

Eskalationen sind äußerst selten, dramatische Pubertätsverläufe habe ich in zehn Jahren nirgends erlebt, und am Ende verlassen sie die Schule, die meisten mit einem »Bac«, das zu unterschiedlicher Weiterbildung berechtigt, sie alle können fehlerfrei schreiben und sind nebenbei überzeugend erwachsen geworden.

Keine Ahnung, wie sie es machen, aber für Eltern, die aus Ländern mit der Vorliebe für Probleme stammen, ist es unglaublich entlastend.

Ungenügend allerdings ist seit eh und je das gesamtfranzösische System der beruflichen Ausbildung. Es gibt sie nicht. Die Jugendlichen müssen sie sich selbst verschaffen, und an dem Punkt kommen sie oft ins Schleudern und machen mal eine »Formation« (das sind irgendwelche Kurse) hier, mal eine da, dann finden sie vielleicht jemanden, der sie als Lehrling einstellt, ihnen aber nichts beibringt, sondern sie den ganzen Tag nur die Werkstatt fegen läßt, sie fangen was an, brechen es ab und sind ihrem Glück und Geschick überlassen, und da geht einiges schief.

Von Werwölfen, Untoten und sonstigem Eingemachten

Wenn Sie Karine oder Arielle eine Weile kennen, werden Sie einen liebenswürdigen Zug an ihnen entdecken. Sie neigen mit großer Wahrscheinlichkeit zu kohärenten Weltbildern. Daß die Welt nicht unbedingt kohärent ist, macht nichts. Ich bin dem Phänomen zum ersten Mal begegnet, als unser Sohn einen Schulfreund zum Baden am Fluß einlud und dessen Mutter entsetzt ablehnte. Aus Deutschland kommend, nahm ich an, das Entsetzen hätte mit der Qualität des Flußwassers zu tun. Ich versicherte sofort, sie sei nach Berichten in der Zeitung einwandfrei. Aber das war gar nicht das Problem. Auf Nachfrage wurde es etwas mystisch, und allmählich kam ich dahinter, daß der Fluß mit seinen Strudeln besonders für Kinder lebensgefährlich sei, es entspannen sich Geschichten von giftigen Hornissen, die am Ufer wohnten, auch sei schon jemand in den Felsen am anderen Ufer tödlich verunglückt und überhaupt verschwunden, und keinesfalls dürfe man da baden. Ich nahm das zunächst als mütterlichen Tick, und die Kinder gingen an diesem Nachmittag nicht zum Baden.

Allmählich hörte ich hier und da immer mal wieder bizarre Geschichten, diverses Abergläubische, und ich fing an, mich dafür zu interessieren, und kam dahinter, daß hier nicht nur die »Chants d'Amour« der Troubadoure entstanden sind, sondern auch ein unglaublicher Vorrat an Gruselmärchen. Wenn Sie ein paar Winterwochen in den Cevennen, hinter St. Ambroix vielleicht, zugebracht haben, leuchtet Ihnen das vollkommen ein, und wenn Sie sich dann vorstellen, daß weite Teile der Gegend noch vor fünfzig Jahren nicht elektrifiziert und ohne Wasser waren und die Leute mit ihren Ziegenherden oder für ihren Gemüsegarten weite Wege zur nächsten Quelle hatten, beschwerliche Wege, einsame Wege, Wege im Dunklen durch eine steinige, rauhe Landschaft, dann fangen Sie bald selbst an, nach Einbruch der Dämmerung lieber zu Hause zu sein, weil es da draußen unheimlich wird, dazu die Stille, in der Sie die Einsamkeit spüren, und plötzlich wilde Tierlaute oder das Rütteln des Tramontane, kurz: Hier gab es allerlei Schreckliches, das den armen Leuten in ihrem mühevollen Leben auflauerte, ihnen die Brunnen vertrocknen ließ, ihre Kinder fraß, ihre Tiere erlegte, die Hütten in Brand steckte und die Ernte verdarb. Das ganze suspekte Personal hauste hier: Wölfe sowieso, aber dazu noch Werwölfe, der wilde Mann, Zauberinnen, jede Sorte Widergänger, Hexen, die »Dame Blanche«, die weiße Frau, und spezielle Fabelwesen, die hier »Fadas« heißen. Ein unendlicher Schatz an Überliefertem ist inzwischen von Literatur- und Sozialwissenschaftlern gerettet und vor der Erosion durch die Zeit bewahrt worden, in jahrelangen Studien sind Historiker und Ethnologen in den siebziger Jahren durch die unwirtlichen Teile des Südens gereist und haben – ungefähr wie die Gebrüder Grimm vor 200 Jahren – die alten Leute erzählen lassen.

Natürlich sind – bei all dem Hin- und Hermigrieren in den Zeiten der Talkshows – die regionalen Legenden inzwischen weitgehend aus der Alltagskultur verschwunden, die allerdings immer noch und zu meiner unerschöpflichen Freude stark oral geprägt ist. Und so ist es gar nicht sicher, ob die Strudel im Fluß oder die giftigen Libellen nicht vielleicht doch Teil einer größeren Überlieferung sein könnten, an der eine sprechfreudige, also erzählfreudige Bevölkerung im stillen weiterhäkelt. Und sonderbar friedlich existieren in jedem Haushalt eigenartige und phantastische Gruselgeschichten und das Internet nebeneinander, ohne sich groß zu stören, und so sollten Sie sich nicht wundern, wenn Ihnen Yannick den sonderbaren Rat gibt, in der Johannisnacht dort und dort Kräuter zu sammeln, weil sie in dieser Nacht voller Heilkraft oder einfach besonders wohlschmeckend sind. Mir sind auch schon die merkwürdigsten gärtnerischen Theorien zu Ohren gekommen, von der Volksheilkunde zu schweigen, die natürlich äußerst entwickelt ist in einer Region, wo der Arzt in der Stadt, also sehr weit weg und das »Aigo bouido« nur eines von vielen Mitteln war, die Gesundheit in Eigentherapie zu schützen.

Aus den Zeiten, in denen die Märchen entstanden, stammt eine weitere Tradition, die »Couennes confites«.

Zur französischen, also auch der südfranzösischen, Agrarfolklore gehört, daß fast alle eßbaren Dinge eingemacht und in hübschen Einmachgläsern zu ebenfalls sehr hübschen Preisen an Touristen verkauft werden. Ob das Kaninchenkompott à la provençale ist, ob Kutteln à la mode de Caen oder in Verbindung mit Hammelfüßen als »Pieds et Paquets« verpackt oder einfach »provenzalisch«, Ente mit Oliven, überhaupt Ente: ihre Mägen, ihre Leber in zahllosen Varianten, dann das Saupiquet, das wahlweise sehr verschiedene Inhalte haben kann, seit eine Fischkonservenfirma so heißt, ursprünglich war es wohl ein Jägergericht, bei dem die Wildinnereien mit Essig und Gewürzen zu einer musartigen Soße verarbeitet wurden, egal was auch immer: Sie finden es hübsch eingemacht, und zwar »artisanal«, weil auch das Einmachen – wie das Schreinern, das Schweißen, das Kacheln – Kunsthandwerk ist.

Wie jede Folklore hat auch diese einen wahren Kern. Den wollen wir uns einmal anhand des vermutlich einzigen Gerichts ansehen, das Sie nicht in eingemachter Form werden kaufen können, obwohl es nicht nur eine Delikatesse ist, sondern auch noch praktisch nichts kostet, womit wir dem besagten Kern schon recht nahe kommen. Also wieder mal etwas für arme Leute. Schweineschwarten. Sie kennen Sie schon vom Cassoulet her und erinnern sich, daß man sie Kuann ausspricht, das »ua« fast wie ein W. Erhältlich sind sie überall zu einem Preis, den Sie gleich wieder vergessen können, so niedrig ist er. Sie werden meist als Rollen mit einem Durchmesser von etwa fünf Zentimeter verkauft, und drei oder vier dieser Rollen sollten Sie einmal anschaffen und dann weiterverarbeiten.

Sie brauchen dazu nichts weiter als Thymian, Salz, Pfeffer, Schweineschmalz, »Saindoux« und ein bißchen Bindfaden.

Die Schwarten entrollen Sie, salzen sie kräftig, pfeffern, bestreuen sie mit Thymian, von dem Sie inzwischen wissen, wo er wächst, oder sich einige Ableger vors Küchenfenster gepflanzt haben, rollen sie wieder zusammen und legen sie über Nacht kalt. Anderntags wieder entrollen, das Salz abspülen, erneut zusammenrollen und mit Bindfäden am Entrollen hindern. Währenddessen haben Sie einen Topf, der nicht viel größer sein soll als das, was dann hineinkommt, mit Wasser aufgesetzt (ich werfe reflexartig in solches Wasser als erstes zwei Lorbeerblätter), geben reichlich Schweineschmalz dazu und sodann die gewickelten Schwarten. Sehr Geschickte kriegen es hin, sie nochmal so durchzuschneiden, daß sie senkrecht in den

Topf gesetzt werden können, oder von vornherein kleinere Rollen zu basteln, aber schmecken tun sie auch bei horizontaler Zubereitung. Nach drei Stunden bei sehr kleiner Hitze sind sie fertig. Vielleicht schauen Sie zwischendurch mal nach ihnen und gießen gegebenenfalls Flüssigkeit auf. Die Fettsoße sollte allerdings am Schluß nicht mehr sehr wäßrig, sondern ziemlich eingekocht sein. Die fertigen Schwartenrollen kommen in ein Porzellan- oder Keramikbehältnis, das eben gerade in der Lage ist, sie zu fassen, die Fettsoße obendrauf, so daß alles möglichst gut bedeckt ist, dann wird das in den Kühlschrank gestellt, nach einiger Zeit rausgeholt, wieder mit Soße begossen, wieder kalt gestellt, also schichtweise völlig in die Flüssigkeit eingehüllt, die halb aus Fett, halb aus Gelatine besteht, wenn sie kalt ist. Gegebenenfalls müssen Sie noch etwas Schmalz zerlassen und drübergießen. So komplett eingepackt, halten sich die »Couennes confites« im Kühlschrank ein paar Wochen.

Im Januar wurde geschlachtet. Also was zum Über-den-Winter-Kommen.

Die Rollen werden zum Essen vom Fett befreit und in Scheiben geschnitten. Auf Brot oder zu Kartoffeln oder im Salat oder aus der Hand. Sie sind, wie der große Koch Alfred Walterspiel dazu bemerkte, »ein ausgezeichnetes Hausgericht, sie erscheinen beim Genuß zart und nicht zu fett«.

Wenn ich das richtig sehe, sind gegen die eingemachten Schwarten Einwände von Hildegards Seite zu erwarten. Diese entkräften Sie diesmal entschlossen mittels einer verblüffenden Statistik, die gerade eben wieder zum Erstaunen aller gesundheitsbewußt lebenden, kalorienzählenden, alkoholabstinenten Gemüsefreunde nachweist, daß die Franzosen mit ihren an Ignoranz grenzend unbekümmerten und fett , wein , fleisch- und zuckerhaltigen Ernährungsgewohnheiten europaweit die höchste Lebenserwartung haben.

Abschließend soll kurz erwähnt werden, was zur südfranzösischen Folklore mit Sicherheit nicht gehört, obwohl einem das keiner glaubt, aber schließlich ist es mit dem indischen Curry auch nicht viel anders: die Verwendung der Gewürzmischung, die überall auf der Welt unter dem Namen »Herbes de Provence« verkauft wird.

Nachdem Sie inzwischen thymiankundig sind und folglich wissen, daß man Kräuter nicht auf dem Markt oder gar im Gewürzglas kauft, sondern – in der Johannisnacht oder bei einem profanen Spaziergang zu jeder anderen Jahreszeit auch – in der Garrigue sammelt oder noch besser: mit der Wurzel ausgräbt und im Topf oder im eigenen Garten weiterwachsen läßt, können Sie sich an das wunderbare wilde Bohnenkraut (Sarriette) machen, an Rosmarin, der Ihnen die Freude bereitet, im Februar blau zu blühen, oder an das thymianartige Quendel, das »Serpolet« heißt. Wilder Fenchel wächst an jedem Straßenrand. Salbei, Gartenminze und Melisse finden Sie nicht bei Ihrem

Spaziergang, und Majoran oder Oregano kommen in der südfranzösischen Küche kaum vor, gedeihen hier aber prächtig.

All diese Kräuter können Sie ausgiebig und in jeder beliebigen Kombination miteinander verwenden, wobei die Basis bei geschmorten Gerichten immer Thymian (plus Lorbeer plus Knoblauch und Zwiebel) sein wird, dem gegrillten Huhn oder Kaninchen Rosmarin gut steht und kroß gebratene Salbeiblätter in Verbindung mit Speck und Geflügelleber optimal ihren Geschmack entfalten.

Werfen Sie, was Sie zur Hand haben, es kann auch Lavendel sein, in die Glut eines Barbecue-Feuers: Die Aromen gehen ins Grillgut und veredeln gleichermaßen Lammkoteletts wie gebratene Auberginenscheiben.

Eine orthodoxe Mischung jedoch gibt es nicht, auch wenn die Gewürzregale im Supermarkt wollen, daß Sie das glauben und infolge dieses Irrtums ein scheußliches Pulver kaufen, das nur marginal etwas mit den wechselnden Duftmischungen zu tun hat, die hier in der Luft liegen und die Sie – der Folklore halber oder aus Vergnügen – einmal mit dem Mann diskutieren sollten, der auf dem Wochenmarkt den Ziegenkäse verkauft. Der wird Ihnen das gern genau erklären, und dann können Sie es auch schmecken.

Nicht von dem Mann, der uns den Ziegenkäse verkauft, sondern von dem Notar, der uns geholfen hat, hier einen guten »Accueil« zu finden, stammt eine Postkarte vom 5. Januar 2002. Sie kam zufällig, ohne daß der Absender das wissen konnte, gerade an, als ich diese Gebrauchsanweisung zu schreiben begann. Ich allerdings wußte gleich, daß ich es Maître Isnard überlassen sollte, das Buch abzuschließen, und gebe die Grüße sehr gern an Sie weiter.

Chère amie,
    Peut-être vous reste t-il à apprendre de ce pays que Bonne Année se dit »Bono Annado«, que les tomates sont des »pommes d'amour«, que les taureaux s'appellent »biou«, que les coquelicots sont des »gaü galino«, que les hirondelles sont des »dindouleto«, et les libellules des »damisello« ou »demoiselles«... Mais tout ça n'est qu'accessoire, le principal de ce pays c'est que vous l'aimez.
    Bien amicalement.★

★ »Liebe Freundin,
    Vielleicht warten Sie noch darauf, von diesem Land zu lernen, daß »Frohes neues Jahr« sich »Bono Annado« spricht, daß die Tomaten »Liebesäpfel« sind, daß die Stiere »biou« heißen, daß Mohn »gaü galino« ist, daß Schwalben »dindouleto« sind und die Libellen »damisello« oder »Fräulein«... Aber das sind nur Nebensachen, die Hauptsache an diesem Land ist, daß Sie es lieben. Freundschaftlich.

Außerdem liegen vor:

Gebrauchsanweisung für Amerika von Paul Watzlawick
Gebrauchsanweisung für Bayern von Bruno Jonas
Gebrauchsanweisung für Deutschland von Maxim Gorski
Gebrauchsanweisung für England von Heinz Ohff
Gebrauchsanweisung für Florenz von David Leavitt
Gebrauchsanweisung für Griechenland von Martin Pristl
Gebrauchsanweisung für Hamburg von Stefan Beuse
Gebrauchsanweisung für Irland von Ralf Sotscheck
Gebrauchsanweisung für Italien von Henning Klüver
Gebrauchsanweisung für Japan von Gerhard Dambmann
Gebrauchsanweisung für Mallorca von Elfie Donnelly
Gebrauchsanweisung für München von Thomas Grasberger
Gebrauchsanweisung für Paris von Edmund White
Gebrauchsanweisung für Portugal von Eckhart Nickel
Gebrauchsanweisung für Schottland von Heinz Ohff
Gebrauchsanweisung für die Schweiz von Thomas Küng
Gebrauchsanweisung für Spanien von Paul Ingendaay
Gebrauchsanweisung für Südengland von Elke Kößling
Gebrauchsanweisung für Sydney von Peter Carey
Gebrauchsanweisung für Tibet von Uli Franz
Gebrauchsanweisung für Tschechien und Prag von Jiří Gruša
Gebrauchsanweisung für Venedig von Dorette Deutsch
Gebrauchsanweisung für Wien von Monika Czernin

PIPER

Paul Ingendaay
Gebrauchsanweisung für Spanien

182 Seiten. Geb.

Spanien steckt voller Geheimnisse. Wie, beispielsweise, kommt es zur anhaltenden Liebe der Spanierinnen zum Hausmantel aus Polyester? Warum ist es in Spanien so laut? Und was nur, was macht die geliebte escapada, die Flucht ins Wochenendhaus auf dem Lande, für die Spanier so reizvoll? Spanien muß man erklären – und Paul Ingendaay tut das auf ebenso kenntnisreiche wie amüsante Weise. Dabei erzählt er vom Fußball und von Cervantes, von silbernen Löffeln und deutschen Kolonien, vom Baskenland, Sex und dem traditionellen Stierkampf. Am Ende wird eines ganz klar sein: Spanien ist mehr als nur Küste.

PIPER

Elke Kößling
Gebrauchsanweisung für Südengland

196 Seiten. Geb.

Schroff und sagenumwoben erheben sich die Kreidefelsen Südenglands aus dem Meer. Ein Land voller Mythen und Legenden, dessen charmant-schrullige Eigenheiten unwiderstehlich sind. Seine Bewohner haben Cream Tea und Cricket zur Lebensart gemacht, legen die verwunschensten Gärten der Welt an und laden zum Tête-à-tête der Exaltierten nach Ascot. Die Nachtschwärmer treffen sich auf dem Pier von Brighton, die Naturfreunde auf den public footpaths, den öffentlichen Wanderwegen, von denen kein Land soviele hat, wie England.

Was Sie nie zu fragen gewagt haben, aber schon immer wissen wollten über den Suden der skurrilen Inselnation – hier erfahren Sie es.